산의 역사

산의 역사

초판 1쇄 인쇄 2020년 7월 15일
초판 1쇄 발행 2020년 7월 20일

지은이 자크 엘리제 르클뤼
옮긴이 정진국
펴낸이 정해종
편　집 정명효
디자인 유혜현

펴낸곳 ㈜파람북
출판등록 2018년 4월 30일 제2018－000126호
주소 서울특별시 마포구 양화로 12길 8-9, 2층
전자우편 info@parambook.co.kr　**인스타그램** @param.book
페이스북 www.facebook.com/parambook/　**네이버 포스트** m.post.naver.com/parambook
대표전화 (편집) 02－2038－2633 (마케팅) 070－4353－0561

ISBN 979-11-90052-36-8　03900
책값은 뒤표지에 있습니다.

이 도서의 국립중앙도서관 출판시도서목록(CIP)은 서지정보유통지원시스템 홈페이지(http://seoji.nl.go.kr)와
국가자료공동목록시스템(http://www.nl.go.kr/kolisnet)에서 이용하실 수 있습니다.(CIP 제어번호: CIP2020029065

산의 역사

Histoire d'une montagne

자크 엘리제 르클뤼 지음 / 정진국 옮김

파람북

차례

006 / 나의 은신처

014 / 산마루와 골짜기

026 / 바위와 결정

037 / 산의 기원

049 / 화석

056 / 무너지는 봉우리

066 / 흙더미와 돌더미

075 / 구름

084 / 안개와 뇌우

093 / 눈

105 / 산사태

115 / 빙하

124 / 빙퇴석과 급류

132 / 숲과 풀밭

145 / 산짐승

154 / 기후의 변화

165 / 자유로운 산사람

180 / 산을 향한 숭배

195 / 올림포스 산과 신

206 / 수호신

215 / 그리고 인간

232 / 옮기고 나서
　　　　산을 존중하고 사랑하는 것이
　　　　곧 우리 자신을 존중하고 사랑하는 일

나의 은신처

슬펐다. 살아가는 일에 지쳐 버렸다. 진심으로 사랑했던 소중한 사람들을 잃었다. 계획이 무산되고, 희망도 물거품이 되었다. 친구라던 이들은 초라한 내 모습을 확인하고 등을 돌렸다. 자기 이익만 챙기려고 들떠 싸우는 인간들이 추해 보였다. 가혹한 운명이다. 그래도 어차피 죽을 것이 아니라면, 정신 차리고 다시 기운을 내든 해야지, 마냥 가만히 있을 수만은 없었다.

나는 어디로 가야 할지 몰라 우선 시끌벅적한 도시에서 벗어나기로 했다. 지평선 너머 울퉁불퉁한 봉우리들이 치솟은 높은 산으로 향했다. 앞으로 뻗은 길을 따라 하염없이 걸었다. 그러다 해가 지면

뚝 떨어진 시골 여관으로 들어갔다. 사람들의 목소리와 움직임에 질려 버린 상태였지만, 혼자 걷다 보니 어느 순간부터 새들의 울음이 구슬프게 들리지만은 않았다. 시냇물 소리와 깊은 숲에서 끊임없이 울리는 웅성거림도 더 이상 침울하게 들리지 않았다.

큰길과 오솔길을 이리저리 걷다 보니 산의 초입에 들어섰다. 밭고랑으로 줄줄이 이어지는 넓은 평야는 바위와 울창한 밤나무가 빼곡한 벼랑 앞에서 끊겼다. 가까운 봉우리들 건너편에는 까마득히 높은 새파란 봉우리들이 연이어 솟아 있었다. 드넓은 평야를 층층이 타고 흘러내리는 강은 자갈밭 사이로 굽이치며 거무죽죽한 이끼로 뒤덮인 반지르르한 바위틈으로 콸콸 흘러내렸다. 나는 그 강을 끼고 하염없이 걸었다. 강의 양쪽 기슭 낮은 언덕바지는 산을 제일 밑에서 떠받치는 꽤 가파른 기반이었다. 버팀벽 같았다. 아득한 시절부터 언덕바지 위에서 골짜기를 지키던 육중한 구조물들은 거의 무너져 있었다. 문득 골짜기에 갇힌 기분이 들었다. 어쨌든 먼지와 연기와 소음에 파묻힌 대도시로부터 나는 벗어났다. 적과 거짓된 친구들을 남겨둔 채……

기쁜 마음에 온전히 휩싸인 것이 얼마 만인지 모른다! 발걸음은 가볍고 침침하던 눈도 밝아졌다. 산에서 뿜어내는 맑은 공기를 들이 마시려 나는 잠시 걸음을 멈추었다.

이 공간에 먼지 날리는 대로 따위는 없었다. 이제 나는 평지를 완전히 떠나 미개척지인 산으로 들어왔다! 깊은 골짜기를 따라 목동과 염소 떼의 발자국으로 다져진 오솔길이 뚫려 있었다. 산허리를 비스듬히 기어오르는 철로와는 아주 먼 거리였다.

나는 혼자 지낼 곳을 찾아 산길을 따라 걸었다. 길이 높아질 때마다 아래쪽 오솔길을 지나는 사람들은 작게 보였다. 오두막집마다 굴뚝에서 피어오르는 연기와 푸르스름하고 뿌연 안개에 덮여 발아래 마을은 반쯤 보이지 않았다. 안개는 천천히 위로 퍼지면서 숲 주변에서 흩어졌다.

바위들을 끼고 돌며 수많은 골짜기를 넘었다. 돌부리에 발길을 채이면서 요란하게 흐르는 개울을 건너 저녁 무렵이 되어서야 나는 바위와 숲과 풀밭을 품은 산자락에 도착했다. 봉우리에는 안개에 가려진 오두막 한 채가 놓여 있었다. 기슭 아래쪽에서는 양들이 풀을 뜯었다. 오두막은 고운 잔디 위로 리본처럼 펼쳐진 황톳빛 오르막길로 이어지고 있었다. 막다른 길 같았다. 그 너머 더 멀리는 깊은 골짜기인데, 흙과 돌무더기, 폭포와 눈과 얼음이 보일 뿐이었다. 결국 이곳이 사람이 생활할 수 있는 가장 높은 지대였다. 나는 몇 달 동안 이곳 오두막에서 지냈다. 개 한 마리와 함께 살던 목동이 나를 반갑게 맞아주었다.

이렇게 다시 찾은 자유를 만끽하면서[1] 나는 천천히 자연과 더불어 사는 새로운 일상을 맞이했다. 돌들이 굴러떨어지는 높은 능선을 따라 돌아다녔고, 전나무 숲을 헤매기도 했다. 어떤 때는 산등성이 높은 곳까지 우뚝 솟은 첨봉에 올라가 멍하니 죽치기도 했다. 깊고 어둑어둑한 계곡에서는 마치 지하의 심연에 처박힌 듯했다. 자연 덕분에 좀처럼 식지 않던 쓰라린 기억도 차츰 누그러졌다. 나쁜 기억을 잊어보려고 길을 방황하는 일도 사라졌고, 나도 모르게 주변에 눈길을 돌려 자세히 들여다보는 재미에 빠져들었다.

산에 들어오자 금세 기분이 좋아졌다. 바위와 숲 그리고 완전히 새로운 세상 덕에 나는 세상에 홀로 떨어져 있는 듯이 과거를 잊을 수 있었다. 그러던 어느 날 내게 새로운 감정이 싹텄다. 산 자체를 좋아하게 된 것이다. 그늘 속에서도 햇빛을 받아들이는 차분하고

---

1 엘리제 르클뤼는 파리 코뮌 민주혁명운동에 참여해 구속되었다가 추방되었다.

늠름한 모습이 좋았다. 푸른빛을 띤 채 빙하를 두르고 있는 그 튼튼한 어깨가 좋았다. 풀밭과 숲과 맨땅이 줄줄이 이어지는 기슭도 좋았다. 멀리 내뻗은 거목의 뿌리처럼, 작은 골짜기마다 개울과 풀밭, 호수와 들판이 힘차게 펼쳐지니 좋았다. 나는 산에 완전히 반해 버렸다. 바위에 붙은 누렇거나 푸른 이끼와 잔디 한복판에서 반짝이는 작은 돌멩이까지도 사랑스러웠다.

처음에는 내가 도시에서 멀리했던 사람들과 비슷해 보여 그다지 유쾌하지 않게 느껴졌던 목동조차 같이 지내는 동안 차츰 없어서는 안 될 존재가 되었다. 목동에 대한 신뢰가 쌓이면서 점차 우정도 싹텄다. 그가 마련한 음식과 보살핌을 감사하게 받아들였다. 나는 그에게 배울 수 있는 것이라면 뭐든 배우려 했다. 힘든 공부는 아니었다. 내가 자연에 사로잡혔다는 사실을 안 목동은 자신의 고향 산에서 가축이 풀을 뜯을 수 있는 산기슭을 알려 주었다. 작은 식물의 이름을 가르쳐주고, 보석으로 손질될 암석을 캐내어 보여주었다. 험한 골짜기에서 길을 찾아 낭떠러지와 맞닿아 솟아오른 바위 꼭대기로 데려가기도 했다. 목동은 높은 산마루에 올라 골짜기들을 짚어가며 급류가 쏟아지는 물길을 가르쳐 주었다. 오두막으로 돌아와서는 지역의 전설과 역사까지 들려주었다.

나는 선뜻 이해하지 못한 것들, 혹은 목동이 나더러 알 필요도 없다고 했던 것들에 대해 더 묻곤 했다. 목동은 차츰 편안하게 털어놓았다. 목동 역시 내가 알고 있던 별것 아닌 것들을 알게 되면서 웃었다. 눈을 반짝이는 그의 모습이 보기 좋았다. 두껍고 거칠기만 했던 그의 안색도 밝아졌다. 목동은 이전과 다르게 자신을 돌아보고 주변의 많은 것들을 다시 생각했다.

목동과 함께 생활하면서 나 자신도 달라졌다. 목동에게 자연의 지리적 과학적 이모저모를 설명하려 애쓰다 보니 나 역시 자연을 더욱 깊이 이해하려 애쓰는 독학생이 되었다. 결국 자연을 사랑하고, 서로 비슷해진 목동과 공감하면서, 나는 산의 현재의 삶과 과거의 역사를 알아보고 싶었다. 우리는 마치 코끼리에 붙어사는 작은 벌레처럼 산에 붙어살고 있지 않은가.

나는 땅에서 솟은 거대한 바윗덩어리들을 공부했다. 계절과 시간과 관점에 따라 무시무시하거나 멋진, 엄청나게 다양한 모습을 빚어내는 대지의 모습이었다. 나는 눈과 빙하와 그것을 둘러싼 날씨의 변화와 그 주변에서 살아가는 동식물을 학습했다. 여러 인류의 역사와 문학에서 산이 어떤 의미였는지도 알고 싶었다. 인류의 진보에 산이 어떤 역할을 했는지 궁금했다.

이렇게 공부하는 동안, 나는 목동에게 큰 빚을 지었다. 기어 다니는 곤충들과 날갯짓하는 나비와 노래하는 새도 나를 도왔다.

형제처럼 친해진 작은 동물들을 바라보며 울음소리를 듣고, 풀밭에서 빈둥대지 않았다면 나는 대지가 얼마나 위대하게 숨 쉬고 있는지 절대로 이해하지 못했으리라. 그 넓은 품에 작은 미물들을 모두 끌어안고 모두가 함께 어울려 살도록 끌어들이는 대지를 제대로 이해할 수 없었을 것이다.

등산가 에드워드 휨퍼(Edward Whymper)의 〈알프스 산길의 오두막〉, 1868년.

산마루와 골짜기

평지에서 보면 산은 매우 단순하다. 들쭉날쭉한 작은 뿔처럼 솟아 있다. 높이가 제각각 다르게 솟은 돌출물 중간에 흰빛이거나 분홍빛 띠처럼 걸린 구름이 보인다. 파란 장벽은 지평선 한구석을 가로막는 다. 들쑥날쑥 잘린 이빨 모양을 한 흉측한 톱이 멀찌감치 서 있는 것 만 같다. 그 톱니 속으로 내가 길을 잃고 들어갔던 것일까……

산마을이야 산 아래서 더러 돋보이기도 하지만, 작은 봉우리 대 부분은 지구라는 거대한 모래 덩어리 가운데 눈에 띄지 않는 모래 알에 불과하다. 하지만 나에게는 작은 봉우리마다 하나의 거대한 세 계로 보였다. 오두막에서는 머리 위 높은 능선 꼭대기에 우뚝 선 바위들이 보였다. 하지만 그곳에 기어이 올라가 보면 흰 눈에 덮인 또 다른 산마루가 나타났다.

내가 두 번째로 산을 타고 정상에 올랐을 때, 산은 또 다른 모습으로 다가왔다. 첨봉과 협곡, 비탈마다 새로운 풍경은 낯선 프로필을 선보였다. 커다란 산봉우리 하나는 산맥이나 다름없다. 바다 한복판의 큰 파도가 수많은 잔물결을 이끄는 것과 마찬가지다.

산이라는 건축의 전모를 파악하려면 공부부터 해야 한다. 사방으로 발품을 팔아 돌아다니고, 치솟은 봉우리를 타고 오르며 또 가장 작은 골짜기 깊은 곳까지 내려가 봐야 한다. 만사가 다 그렇듯 전모를 알려 하지만, 알려 하면 할수록 끝이 없다.

내가 올라가 앉곤 했던 산마루가 가장 높은 자리는 아니었다. 발밑으로 펼쳐지는 왕국들을 내려다보면서 제법 왕처럼 앉아 있다고 해도 언제나 그곳이 최정상은 아닌 것이다. 차라리 가장 높은 산마루보다 그 바로 아래에 앉아 있는 것이 더 좋다. 좀 더 낮은 비탈을 내려다보면서도 더 높은 절벽 쪽으로 푸른 하늘을 향해 삐죽삐죽 솟은 봉우리들을 볼 수 있어 좋다. 바로 그곳에서라면 나도 모르게 산 정상에서 느껴지는 뿌듯함과 오만을 억누를 필요도 없이 아름답게 펼쳐지는 눈과 바위, 숲과 산비탈을 바라보는 기쁨을 만끽할 수 있다. 이렇게 나는 계속해서 중턱을 떠돌았다. 하늘과 땅 사이의 중간지대를 돌아다니다 보면 외롭다기보다 자유로웠다. 어디에서도 느껴보지 못한 편안함이었다.

봉우리와 골짜기와 들판의 지평선을 압도하는 높은 산꼭대기로 올라가는 기쁨이야 오죽할까! 산마루에서나 보이는 거대한 마천루를 정면에서 응시하는 흥분과 쾌감을 어디에서 맛볼 수 있을까! 산기슭 아래에서는 산 일부만 볼 수 있었다. 고작해야 산허리 하나를 볼까. 하지만 정상에 서면 서로 밀고 또 밀며, 뛰어오르고 또 뛰어오르면서 도주하는 모든 산등성이가 눈에 들어온다. 둥근 동산들과 더 낮은 곳까지도, 엇비슷한 높이로 이어지는 주변 산들도 보인다.

산에 오르면 우리도 먼 산들처럼 맑은 공기와 빛을 향해 고개를 들게 마련이다. 허공에 솟아 있는 우리는 육중한 지구 위로 날아오르는 독수리 같다. 발밑으로 봉우리보다 훨씬 낮은 곳에서 수많은 것들이 하늘에 손짓하는 모습과 마주친다. 산허리를 천천히 감도는 구름이다. 튀어나온 바위 모서리와 숲 모퉁이에 찢기며, 조각난 채 골짜기 곳곳에 짙은 안개를 흩트리는 구름……. 구름은 들판 위로 날아가면서 변화무쌍한 거대한 그림자를 드리운다.

가장 높은 자리에 올라서면 구름 사이로 간신히 드러나는 강줄기의 굽이굽이가 잘 보이지 않는다. 하지만 멀리서 광채를 발하는 물줄기로 그 움직임을 눈치챌 수 있다. 단단한 빙하와 작은 호수, 계곡의 폭포 또는 깊은 산골의 조용한 굴곡 사이로 튀어나온 물줄기들이 보인다. 원곡(圓谷)과 협곡, 크고 작은 골짜기와 나들목을 보면 나는 단숨에 불멸의 존재라도 된 듯했다. 둔중하고 거대했던 태초의 산을 사방에서 밑바닥부터 깎아 파내며 크나큰 노동을 해온 물처럼……. 물이 끊임없이 거대한 산을 조각조각 깎아내는 것을 본다. 험준한 산정에서 아늑한 만은 더욱 뚜렷하게 내려다보인다. 깊고 푸른 대서양이 거대하게 펼쳐지는 곳이다. 물은 그렇게 평야를 메우고 바다의 만을 채운다. 그곳에서 산이 나왔다.

눈에 띄지 않아도 누군가는 산기슭에 살고 있었다. 나뭇가지 사이에 숨은 새 둥지들처럼, 녹음이 무성한 기슭에 움집과 오두막이 흩어져 있었다. 그 작은 집들이 뿜어내는 연기는 수많은 사람의 호흡으로 오염된 공기 같았다. 희뿌연 굴뚝 연기는 큰 도시로 날아가고, 저 멀리 어렴풋이 보이는 도시의 주택들과 궁전과 높은 망루의 지붕들은 더럽고 녹슨 빛깔로 떠다니는 듯했다. 시골의 신선한 공기 빛깔과 완전히 대조되는 곰팡이 같았다. 우울한 생각이 들 수밖에 없다. 저렇게 우글거리는 것들의 해악으로 빚어진, 거의 눈에 띄지 않는 작은 고름 주머니들 속에서 모든 사악이 야금야금 자라난다.

그렇지만 전체적으로 봤을 때, 산꼭대기에서 내려다보는 장쾌한 시골의 드넓은 파노라마야말로 아름답기 그지없다. 넓은 땅에 마을과 집들이 점점이 흩어져 있다. 떨어지는 빛을 받아 반짝이며 주변의 색점들은 한데 섞여 흠잡을 데 없이 어우러진다. 허공에 퍼진 공기는 넓은 비취색 옷자락처럼 들판을 뒤덮는다.

그림같이 아름답고 다채로운 산의 실상은 어렸을 때 그림엽서에 담겨 있거나 학교에서 배우던 모습과는 너무도 다르다. 어린 시절 나는 산이 완전히 규칙적이고 똑같은 모습으로 뚝 떨어진 거대한 덩어리라고 생각했다. 모든 둘레의 사면이 똑같고, 꼭대기는 둥글고, 바탕은 멋지게 구부러지면서 평야의 농촌으로 슬그머니 사라지는 모양인 줄 알았다. 이런 산이 지상에 어디 있을까.

거대한 산줄기에서 멀리 떨어진 채 불쑥 홀로 솟아오른 화산들, 용암과 화산재를 기슭에 토하면서 커다랗게 몸짓을 불린 화산들에도 기하학적 규칙은 없다. 내부에서 밀어내는 것이 한복판의 굴뚝으로 치솟아 나오거나 터진 옆구리에서 삐져나온다. 여기저기 작은 분화구 동산들이 큰 화산 기슭에 생성되고 표면을 울퉁불퉁하게 만든다. 바람도 분화구에서 계속 토해내는 화산재의 구름을 여기저기 실어 나르면서 제멋대로인 형태를 거든다.

하지만 까마득한 세월을 증언하는 우리의 산을 불과 얼마 전에 깨어나 아직 세월에 치인 적도 없는 화산과 비교할 수 있을까? 인간이 차지해 버린 꺼칠한 땅은 몹시 천천히 미적대며 변화했다. 자연은 잠시도 쉬지 않고 높이 솟은 산의 모양을 계속 바꿔놓았다. 덩어리를 과장하기도 하고 억누르기도 했다. 산봉우리를 드높이고, 둥근 지붕처럼 산마루들을 여기저기에 퍼트렸다. 움직이는 표면을 끝없이 접고, 펼치고, 파내고, 뒤집고 꺾으면서…….

이런 운동은 지금도 여전하다. 꽤 오랜 세월 동안 산을 주목한 사람이라면 산이 폭풍에 떠밀리면서 파도처럼 떠다니는 모습처럼 보일 것이다. 산이 곧 물결이요, 안개다. 산도 꿈처럼 자취만 남기고 사라질지 모른다.

어쨌든 자연의 힘이 줄기차게 작용하면서 빚어내는 변화무쌍한 무대에서 산은 구조를 알아볼 만한 리듬보다 더 빠른 속도로 움직인다. 고원이든, 둥근 산정이든, 직벽이든, 고립된 피라미드이든, 모서리이든 또는 유난히 뾰족한 봉우리들의 무리이든 산 전체는 정상의 모습과 늘 멋지게 어울리는 전모를 보여준다. 산은 한복판에서 밑바닥까지 어느 구석에서나 또 다른 봉우리들로 이어진다. 바닷물이나 퇴적층에 둘러싸인 가장 낮은 버팀벽 같은 바탕에서조차 여전히 산촌 한가운데 동산이나 바다 한복판의 암초처럼 돋아난 작은 구릉들이 보인다. 돋을새김과 돌출부는 천천히 이어지다가 갑자기 주저앉기도 하는 모습으로 세상에 둘도 없이 우아한 곡선을 그려낸다. 높은 산마루에서 낮은 평야까지 아우르는 구불구불한 선은 사실 비탈이다. 불의의 일격을 받아 달아나는 거인의 움직임 같다.

내가 오랫동안 들어가 지냈던 산은 아름답고 맑았다. 고요해서 더욱 그랬다. 가장 높은 풀밭에서 큰 봉우리가 보였다. 비할 데 없이 첩첩이 쌓아 올린 피라미드처럼, 깊이 파인 곳들을 채우는 눈 덩어리들은 눈부시게 투명한 광채로 거의 검고 어두운 색조를 물들인다. 그러나 멀리 낮은 봉우리들을 덮은 푸른 잔디밭은 한층 부드럽다. 잔디밭은 웅장하기 그지없는 산의 동체에서 미끄러져 내리면서 그윽하게 초지의 잔잔한 물결 위로 내려앉는다. 너무나 곱고 우아한 빛깔이라 나도 모르게 "거인이 손으로 쓰다듬는구나!"라며 감탄한 것이 한두 번이 아니었다.

더 아래쪽 가파른 비탈들과 튀어나온 바위들과 숲에 덮인 지맥(支脈)들은 산의 옆구리 대부분을 숨긴다. 하지만 전체의 모습은 내가 그 일부만 볼 수 있다고 느낄 만큼 훨씬 더 높고 웅장하다. 기반이 눈에 띄지 않는 입상 같다. 허공 한복판 광야의 맑은 빛 속에서 찬란하게 빛난다.

움푹 팬 곳과 접힌 곳, 작은 골짜기와 좁은 산길은 온갖 봉우리와 돌출부의 아름다움과 어울린다. 내가 머물던 산마루와 이웃한 가장 높은 봉우리 사이에 놓여 있던 능선은 급격히 낮아진 덕분에 양측 기슭으로 쉽게 오갈 수 있는 통로가 있었다. 천천히 깎인 침하 분지의 모서리에서 두 산으로 이어진 구불구불한 계곡의 첫 번째 주름이 시작된다. 평지의 주름에 또 다른 주름들이 이어진다, 경작한 밭고랑들이다.

바로 그곳, 조금 기울은 산자락 기슭에 초원과 조림지와 부락들이 보인다. 아늑해 보이기도 하고 척박해 보이기도 하는데, 사방의 모든 골짜기가 가장 넓고 깊은 골짜기 쪽으로 기울어진 지역이다. 골짜기가 멀리 돌아가듯 눈앞에서 사라지면서 바탕은 서서히 보이지 않지만, 최소한 지맥의 옆모습이 나란히 그려내는 선을 따라 그

윤곽과 전체의 형태를 보여준다.

깊은 산속으로 사방에서 빨려드는 수많은 작은 골짜기는 무수한 가지로 나누어지다가 또다시 더욱 가냘픈 잔가지로 나뉘는 나무들과 비슷하다. 골짜기와 또 다른 골짜기들이 망처럼 얽힌 형태여서 우리는 산맥의 진정한 덩치를 가늠해볼 수 있다.

가장 자유롭고 시원한 산마루에서 서로 비교되는 수많은 봉우리가 보이지 않던가, 서로 이해하는 사람들처럼 어울린 봉우리들이다. 계곡 맞은편 벼랑의 구불구불한 옆모습에서 푸르스름한 산들의 또 다른 옆모습이 보인다. 그 너머 더 먼 곳에서 청금석처럼 푸른 산들이 보인다. 기본 산마루들의 가장 높은 주능선으로 이어지는 산맥은 평행을 이루지 않고 들쑥날쑥하다. 해와 구름의 움직임에 따라 서로 가깝거나 멀어 보인다.

하루에 두 차례 산맥은 거대한 그림을 펼친다. 아침에 비스듬한 광채가 비칠 때나 차례차례 어둠 속으로 넘어가는 저녁마다 빛에 물든다. 가장 먼 서쪽 봉우리들은 서쪽에서 가까스로 보일 듯 말 듯하다. 햇빛과 맑은 공기 속에서 다채롭고 미묘하게 어우러지는 변화를 펼친다.

아지랑이가 희미하게 피어오르고 눈에 띄지도 않던 안개가 지평선에 모이기 시작할 때, 또는 기울어가는 해가 어둠에 의해 느슨하게 밀려날 때, 산은 정말 아름답다. 눈과 빙하와 피라미드 형태 모두가 하나둘씩 또는 단숨에 자취를 감춰버린다. 찬란하게 하늘 저편으로 사라진다. 그저 몽상과 어렴풋한 기억만 남길 뿐이다.

요제프 안톤 코흐(Joseph Anton Koch)의 〈목동과 암소가 어울린 봄날의 풍경〉, 1834년, 함부르크 쿤스트할레 소장 작품.

바위와 결정結晶

산에 놓인 단단한 바위는 깊은 숲속에서 자라는 다양한 식물과 초목으로 덮여 있다.

숲에 들어가 보았다. 잡초와 관목, 상록수와 골풀이 무성하다. 더러는 납작한 잔디와 동물들이 즐겨 먹는 풀더미로 가득하다. 바위에는 희거나 붉고 노란 이끼가 붙어 애당초 성분이 달랐던 바위들도 겉모습은 비슷해 보인다. 가끔 헐벗은 바위도 눈에 띈다. 산꼭대기 쪽으로 다가갈수록 추워지는데, 알프스처럼 빙하 자락이나 만년설 주변에 놓인 돌은 이끼류를 벗어던지고 온전한 제 모습을 드러내기도 한다. 무심한 사람들은 이 역시 푸석한 사암과 석회암과 화강암을 모두 똑같게 보지만 말이다.

사실 바위는 어마어마하게 다양하다. 광물학자는 망치를 들고 산을 돌아다니며 모양과 내부구조가 다른 수만 가지 돌을 채집한다. 거대한 바윗덩어리가 그냥 큰 모래알처럼 느껴진다. 상반된 형태와 색채와 광채로 뭉친 것도 있다. 얼룩덜룩하거나 알록달록하며 줄무늬를 보이기도 한다. 투명하거나 반투명하고, 불투명한 것도 있다. 규칙적인 면들로 수정처럼 돋은 것도 있다. 타마리스 다발이나 고사리잎과 비슷하게 번진 장식이 새겨진 돌들도 있다.

돌 속에는 수많은 금속이 들어있다. 순수한 상태로든, 혼합물로서든 그 금속 성분들은 비눗방울처럼 잠깐씩 무지갯빛으로도 반짝이곤 한다. 그뿐 아니라 억겁의 세월을 살았던 존재에 대한 증거가 단편적으로나마 바위 속으로 스며들었다. 수많은 동식물의 화석이 바위 속에 자취를 남긴 것이다. 굳이 대단한 지질학자나 광물학자가 아니더라도 안목 있는 여행자라면 바위들이 얼마나 다양한지 눈치챌 수 있다. 멀리서 보면 산이 종종 거대하면서도 전혀 다른 구조를 지닌 면모들에 의해 대조적으로 드러날 때가 있다. 넓은 평지에 홀로 솟은 봉우리에서 둥근 능선을 지닌 화강암 지붕과 전혀 다른 뾰족한 청석 피라미드와 석회암 측벽이 쉽게 눈에 띄는 것이다.

프랑스에서는 높은 산마루에 서면 화강암이 곧잘 눈에 들어왔다. 눈부신 백설로 덮인 들은 검은 바위 능선을 따라 갈라진다. 고운 천 위에 놓인 검은 옥이 박힌 왕관이라고나 할까. 이런 능선을 타면 어렵지 않게 산마루로 오를 수 있다. 바위 능선에 발을 단단히 딛고 조금씩 더 가파른 곳을 향해 기어오르면 눈 덮인 땅거죽에 느닷없이 숨어 있는 구렁텅이들을 피할 수 있다. 나도 늘 이런 식으로 산마루에 올랐다. 목동과 동물들을 남겨둔 채, 높은 산마루에서 수많은 능선이 만들어내는 풍경을 바라보며 몇 시간씩 보내곤 했다.

멀리서 엷고 푸른 안개 사이로 드러나는 산의 화강암 능선을 보면 매우 단조롭다. 산사람들은 그 모양을 그냥 '빗'이라고 부른다. 실제로 가지런하고 뾰족한 첨봉들이 치열처럼 가지런히 이어져 있기 때문이다. 하지만 바위산 한복판에 올라서면 매우 복잡하다. 첨봉과 흔들바위, 반복해서 포개지는 작은 덩어리들, 탑처럼 쌓인 작은 봉우리들을 떠받치는 기반, 서로 기댄 산모서리 능선이며, 그 틈새로 뚫린 좁은 통로까지……. 높은 곳에서도 바위는 거의 모든 곳에서 그렇듯이 도료를 입힌 듯 지의류에 덮여 있다. 수많은 곳에서 얼음과 눈의 습기, 결빙과 비바람, 햇살에 시달리며 헐벗었던 바위

가운데는 하늘의 불벼락을 맞아 시커멓게 쪼개진 것들도 있다.

폐허처럼 널브러진 바위들을 들여다보면 최근 무슨 일이 벌어졌는지 알 수 있다. 결정체들이 말해준다. 흰 석영과 분홍빛 장석, 은비늘 같은 운모[2]가 귀띔해 준다.

또 다른 산악 지대에 이르면 완전히 다른 모습의 화강암을 볼 수도 있다. 바위 속에 대리석처럼 희고 윤기 나며 작고 검은 점들이 촘촘히 박혀있다. 푸르스름하고 짙은 빛깔도 있다. 거의 어디에서나 화강암은 매우 단단한 돌인데, 오래가는 기념 비석을 만드는 데 이용하곤 한다. 화강암은 쉽게 부서지기도 한다. 그 속을 채운 결정들이 너무 약하게 뭉친 것은 손가락으로 부술 수도 있다. 푸석한 화강암 동산 밑에서 운석가루가 샘솟은 골짜기 물을 타고 내려와 계곡 모랫바닥에 곱게 반짝이며 쌓인다. 졸졸 흐르는 물 사이로 금가루와 은가루가 반짝이는 듯하다. 평지에 사는 시골 사람들은 이렇게 쉽게 드러나고 무심하게 흘러내리는 계곡물이 실어나르는 보물을 찾아 황급히 달려든다.

---

2   운모(雲母)는 석영, 장석과 함께 화강암의 주성분이다. 돌비늘이라고도 한다. 광물 중에서 가장 쪼개짐이 완전하며 쪼개진 조각은 탄력이 강하다. 화장품을 비롯해 용접봉, 도자기, 광학 필터, 축전기 콘덴서, 절연물질 등에 사용된다.

눈과 물은 끊임없이 움직이면서 거대한 산괴를 차지하는 또 다른 바위를 드러낸다. 최고봉 중심으로 보면 산봉우리의 둥근 화강암과 능선에서 멀지 않은 곳에 놀랍도록 고른 모습으로 우뚝 솟은 두 번째 봉우리를 볼 수 있다. 기슭과 고원이라는 거대한 받침대를 딛고 서 있는 4면 피라미드라고 할 만하다. 청석암으로 구성된 봉우리인데, 오랜 세월 동안 기후 변화를 겪으며 바람과 햇빛과 눈비와 안개가 대패질을 한 듯하다. 청석의 얇은 쪽들은 금이 가고 꺾여 비탈을 따라 미끄러져 내려온다. 산양은 가볍게 뛰어다니면서 산허리에 부서진 청석을 무수히 쌓아 올린다.

석회암은 늘 앞으로 튀어나온 벼랑 같다. 작은 판처럼 갈라지는 청석과 다르게 석회암은 큰 덩어리로 쪼개진다. 이런 균열로 300미터 높이쯤 되는 바위가 위에서 밑으로 길게 갈라진다. 벌어진 양쪽 면은 하늘로 치솟은 직벽을 이룬다. 빛이 거의 들지 않는 깊은 균열 밑바닥에서는 눈이 녹아내린 물이 고이고 차올라 맑은 하늘빛을 반사한다. 빠르게 치고 내려오면서 폭포를 이루는 덕에 주변 자연경관을 더욱 장엄하게 느껴지도록 만든다. 멀리서 보면 석회암들은 더 높은 바윗덩어리에 짓눌려 보인다. 하지만 기반과 수직으로 솟은 힘찬 아름다움은 항상 감탄을 자아낸다. 마치 바빌론 신전 같다.

중요성은 덜해도 시멘트 성분으로 사용되는 사암과 역암[3]도 꽤 아름답다. 즉 모래바위와 자갈바위다. 물이 왕성하게 흘러내리는 경사지에서 그 물은 시멘트를 녹이고 좁은 개울처럼 비탈을 파고 내려, 차츰 바위를 둘로 쪼갠다. 또 다른 물줄기들도 마찬가지로 이웃에서 그 다음가는 틈으로 거센 물줄기로 깊은 골을 파며 흘러내린다. 잘린 바위들은 높은 오벨리스크 같다. 산의 이런 단면들 ── 습하고 구불구불한 길과 총안을 올린 장벽과 망루, 치솟은 탑과 이상한 조각상들은 삭막한 도시를 닮았다.

나는 기막히게 놀란 적이 있다. 어스름에 젖은 협곡에 다가섰을 때였다. 먼저 멀리서 봤을 때는 시커멓게 벌어진 틈만 같았지만, 가까이 다가가니 입구 바로 옆에 솟은 봉우리에 기이한 형상들이 거인처럼 도열해 있었다. 높은 흙기둥들이었다. 크고 둥근 돌이 거인의 머리처럼 보였다. 비가 내리면서 조금씩 주변의 흙을 깎아내린 결과였다. 무거운 돌들만이 살아남았다.

산에서는 비탈과 바위마다 나름의 특이한 면이 있다. 구성재와

---

3 역암(礫岩)은 퇴적암의 한 종류로 자갈이 주요 구성물이다. 자갈 사이를 모래와 진흙, 탄산칼슘 등이 메우고 있다.

퇴화 물질의 버티는 힘 때문이다. 퇴화하는 물질이 얼마나 오래가는지에 따라 다양한 모양을 이룬다. 바위는 눈과 풀, 숲과 밭에서 보이는 대조에 따라 형태도 다채롭게 변한다. 그림 같은 선과 면이 계속 바뀐다. 아무튼 산의 구성요소는 몇 가지 안 된다! 그것을 단순히 조합할 뿐인데도 놀랍도록 다양한 모습이다!

화학자들은 실험실에서 바위를 분석하고 다양한 결정의 구성을 확인했다. 석영을 규토(硅土)라고 한다. 다시 말해 산화규소라는 금속이다. 은과 비슷한 순수한 금속인데, 대기 중의 산소와 섞여 흰 바위로 굳어진다. 장석, 운모, 휘석(輝石), 각섬석[4] 등의 결정이 되기도 하며, 산속 바위에서 엄청나게 다양하게 분포한다. 규소와 마찬가지로 칼륨, 알루미늄 등도 비율과 법칙에 따라 대기 또는 가스와 화합한다. 산 전체는 물론이거니와 이웃 산과 먼 산맥, 그 아래 펼쳐진 평야와 토지 대부분이 이렇게 마구 뒤섞인 금속성 물질로 이뤄진다. 지구라는 덩어리에 녹아들고 섞인 요소들이 갑자기 다시금 순수하게 분리된다면, 금성과 화성에 사는 외계인이 망원경으로 봤을 때

---

4 각섬석은 쪼개진 면이 거울처럼 매끈하여 빛의 반사에 뛰어나다. 곱돌이라고도 부르며, 돌그릇을 만들 때 사용한다.

지구는 검은 하늘에 돌고 있는 은 덩어리로 보일 것이다.

돌의 성분을 연구하는 학자는 결정체와 결정의 반죽 상태로 빚어진 모든 바윗덩어리가 화강암처럼 산화금속일 뿐이라고 말한다. 대개 반암, 줄무늬대리석(사문암, 蛇紋岩), 화산암처럼 화산활동 중에 폭발해 분출하는 것들이다. 조면암(粗面岩), 현무암, 흑요석, 경석(輕石)은 모두 규소, 알루미늄, 칼륨, 소듐, 칼슘이다. 박편이나 층층이 포개진 바위도 결국 바윗덩어리가 쪼개지고 갈라진 부분에서 나온 것이므로 금속인 셈이다. 작게 부서졌다가 다시 굳은 돌, 산산조각이 나고 가루가 되었다가 다시 바위로 뭉친 모래, 물에 녹았다가 훗날 끈끈하게 덩어리진 흙, 이렇게 굳은 흙일 뿐인 푸른빛의 응회암……. 이 모든 것이 과거 바위의 잔해요, 결국 금속이다.

지표면의 많은 부분을 차지하는 석회암만이 먼 옛날의 바위가 부서진 잔해가 아니다. 석회암은 해양동물의 유해가 굳은 것이다. 잡아먹히고 소화됐지만 아직 금속 성분은 남아 있다. 그 기본은 유황과 탄소, 인(燐)과 함께 섞인 칼슘이다. 이런 혼합물과 변화무쌍한 합성물 덕에 단일하고 연마된 석회암 덩어리는 그림 같은 형태를 가진다. 석회암은 호수와 강바닥에서 식물성 흙을 뒤집어쓰고, 식물의 수액과 동물의 피 속까지 파고든다.

우리가 보석이라고 부르는 순수한 금속들은 돌과 산 여기저기에 널려 있다. 샘물가나 샘의 한복판에서 종종 철분 덩어리가 발견되기도 한다. 쇠와 구리, 납 결정이 다른 요소들과 합쳐진 뒤 돌의 흩어진 잔해 속에서 나타나기도 한다. 개울 모래 속에서도 가끔 금가루가 반짝인다. 보석과 수정은 단단한 암석 속에서 우연히 만들어지는 것이 아니다. 이들은 성격이 다른 기반에서 발전해 가지를 치며 나온다. 광산을 개발하는 사람들은 마술의 심연과도 같은 광맥을 찾아다닌다. 그 뒤를 지질학자가 따른다. 산의 역사는 이들의 성과를 바탕으로 시작된다.

옛날이야기를 듣다 보면 산속에 들어가 횡재를 했다는 사람들이 등장할 때가 있다. 운이 좋아 산신령의 은총을 받기만 하면 그렇게 되었다. 그래서 오히려 잘못해 길을 잃고 발을 헛디뎌 덤불 속으로 들어가길 바랐다. 나뭇가지와 줄기를 헤치고 큰 돌을 찾아내고, 미지의 동굴로 이끌려 들어갔다. 목동이 대담하게 옛이야기를 들려준 적이 있다. 옛 시절엔 부적을 문지르며 주문을 외웠다고 한다. 그렇게 한동안 캄캄한 길을 따라가다 보면 갑자기 크리스털과 다이아몬드로 이뤄진 둥근 지붕 밑으로 들어설 때가 있었다. 그 안에는 금

헨리 샌덤(Henry Sandham)의 〈캘리포니아의 사금 캐는 사람〉, 1883년. 월간
지 《더 센츄리 일러스트레이티드》에 실렸던 삽화.

은보화들이 주렁주렁 걸리고, 루비와 토파즈, 사파이어가 넘쳤다. 그저 줍기만 하면 보석이었다. 하지만 지금은 바위 속에 잠들어 있는 금과 금속을 찾아내려면 편하게 주문이나 외운다고 될 일이 아니다. 귀한 보석은 드물고 불순하다. 흙에 섞여 있어 대부분 용광로에서 정련해야 비로소 그 광채와 가치를 발한다.

산의 기원

산은 여러 요소가 작은 분자까지 다양한 비율로 섞인 것이다. 결정과 광물, 모래알과 석회가루 어느 것이나 그 사연은 끝이 없다. 별들에 버금가는 역사가 담겨 있다. 작은 바위 한 조각에도 우주에 버금가는 탄생 설화가 있다. 여전히 천문학자와 지질학자, 물리학자, 화학자 그 누구도 돌과 그 기원에 얽힌 수수께끼를 제대로 풀어냈다고 확신하기란 어렵다.

정말 산의 기원이 정확히 밝혀졌을까? 수많은 바윗덩어리가 어떻게 하늘 높이 우뚝 솟았는지 장담할 수 있을까? 그 숭고한 아름다움을 응시하면서 초라한 난쟁이에 불과한 우리가 과연 얄팍한 지식으로 그 이치를 모두 알고 있노라고 건방지게 떠들 수 있을까?

"바윗돌은 우리를 깔아뭉개서 납작하게 만들 수 있지만, 우리는 바윗돌의 정체를 알고 있으니 걱정할 필요 없어. 그 탄생과 역사의 비밀을 다 꿰뚫고 있단 말이지!"

아이들은 성인보다 자연현상에 대해 더욱 궁금해하며 질문하곤 한다. 그런데 언제나 순진하게 믿고, 모호한 답에 고개를 끄덕여야 한다. 아버지와 형의 거짓말이나 얼버무리는 대답에 만족할 수밖에 없는 것이다. 모든 것을 다 아는 척하는 선생님의 설명에도 고개를 끄덕인다. 하지만 아이들은 무엇이든 설명을 들을 때까지 항상 찾고 또 찾는다. 그렇다고 아이들이 의심만 하는 것은 아니다. 아이들은 자기감정에 충실하고, 주어진 상황을 극복하면서 어떤 문제라도 주체적으로 인정하고 말할 수 있어야 한다고 본능적으로 느낀다. 모른 채로 지내지 못하는 것뿐이다.

원시시대의 야만에서 벗어난 지 얼마 되지 않은 민족은 굳게 믿을 만한 것을 찾아 헤맨다. 자신들의 풍습과 지식에 걸맞은 설명만 옳다고 인정한다. 입에서 입으로 전해진 전설은 신성한 말씀이 된다. 말씀을 해설하는 계급이 민족의 전통을 이어받는 권위자가 된다.

어떤 민족 신화에나 산의 탄생 설화가 남아 있다. 강과 땅, 대양과 동식물 또 인간의 창세 설화들이다.[5] 소박하게는 신과 영웅이 하늘에서 여러 산을 집어던져 우연히 지상에 떨어졌다는 신화가 있다. 아니면 신께서 지상에 산을 세우고 조심스레 다듬어 하늘이라는 둥근 지붕을 떠받드는 기둥으로 삼았다던가……. 이렇게 레바논 산, 헤르몬 산을 세웠다고 한다. 그리스 사람들은 지구 변방에서 신이 건장한 어깨로 아틀라스 산[6]을 들어 올렸다고 한다.

그런데 산은 일단 창조되고 나서 종종 자리를 옮겼다. 신들이 집어 던지곤 했기 때문이다. 거인족 티탄은 신이 아니었는데도 그리스 북부 테살리아의 모든 산을 뒤엎었다.[7] 그들은 올림포스 산을 둘러싸는 옹벽을 쌓으려 했다. 아토스 산은 거대했지만 거인들이 들어 올리지 못할 만큼 무겁지는 않았다. 거인들을 트라키아 깊숙한 곳에서 아토스 산을 번쩍 들어 아무 일도 아니라는 듯이 단숨에 바닷가로 옮겨놓았다. 지금 있는 그 자리에 말이다.

북유럽의 어떤 거인 여신은 동산들을 앞치마에 담고 다니며 여

---

5   고조선의 단군왕검은 무진년(기원전 2333년) 태백산(백두산, 대박산 등으로 추정)으로 내려왔다.

6   지중해 동쪽 연안에서 가장 높은 산. 흰 눈에 덮인 고봉이라는 뜻으로 메소포타미아 지역의 성산이다. 헤르몬 산이 근처에 있어 과거에 종종 혼동되었다. 헤르몬은 유대 민족의 성산이다.

7   티탄족의 별명 '기간테스'는 땅에서 태어났다는 뜻이다. 대지의 여신 가이아의 자식들이다.

기저기 심어 길의 이정표로 삼았다. 그런가 하면 힌두교의 비슈누 신은 뜨거운 볕을 받으면서 잠자고 있던 처녀를 보고서 산을 떼어다가 자기 손가락으로 받쳐 들어 아름다운 처녀에게 그늘을 드리웠다. 양산의 기원이 된 신화다.[8]

산을 옮기기 위해 신과 영웅이 항상 힘을 써야 할 필요는 없었다. 그냥 신호만 보내면 되었다. 오르페우스가 리라(Lyra)를 뜯는 소리에 돌들이 몰려들었다. 아폴론의 소리를 들으려고 봉우리들이 일어섰다. 무사이가 살던 헬리콘 산[9]은 이렇게 태어났다. 이슬람 예언자 무함마드는 이보다 훨씬 늦게 2000년 뒤에 태어났다. 만약 무함마드가 소박한 신앙의 시대에 태어났다면 산으로 들어가지 않았을 것이다. 산이 그에게 다가왔을 테니까!

산들이 이렇듯 신들에 의해 마음대로 태어났다고 하듯이, 수많은 민족 신화에 적힌 설명은 다소 엉성하다. "산과 바위는 지구라는 거대한 생명이 자연스럽게 배태한 유기체"라고 한다. 꽃부리에서 수술이 돋아나듯 태어났다는 것이다. 육지는 바닷물을 받으려고 몸을 낮추었고, 생생한 빛을 받으려고 몸을 하늘 높이 일으켜 세우기

8 　비슈누 신은 브라흐마 신, 시바 신과 함께 힌두교의 3대 신이다. 양산은 비슈누 수호신의 상징이다.
9 　소용돌이 뿔 같은 모양의 산이라는 이름이다.

도 했다. 식물은 이렇게 가지를 세우고 해를 향해 꽃잎을 돌렸고 해는 빛을 비추었다.

그러나 고대 전설을 믿던 사람들은 사라졌다. 낭만으로 넘치는 전설은 사람들의 기억에서 멀어졌다. 전설은 몽상과 한패가 되어 흔적을 지우며 사라져 갔고, 탐구자들은 환상에서 깨어나 더욱 악착스럽게 진리를 추구한다. 물론 요즘 사람들도 고대 사람들처럼 금빛에 물든 봉우리를 보면서 이렇게 되뇌곤 한다.

"어떻게 하늘 위로 저렇듯 높이 솟았을까?"

지금 우리 시대 전문가들이 관찰과 경험으로 이론을 파고 있지만, 그래도 산의 기원에 대한 공상은 여전히 고대 전설과 매우 흡사하다. 최근 출간된 두툼한 책 가운데 지구를 비추는 햇빛이 고원과 산 주변에 집중된다는 사실을 증명하려 했던 것이 있다. 해와 달은 하루 두 번 조수를 끌어당기는 인력을 발휘할 뿐만 아니라 지구를 부풀리고 눈 덮인 고산지대와 단단한 산맥까지 다시 끌어올린다고 주장한다. 하늘에서 떠도는 혜성들이 어떻게 지구로 달려들어 부딪쳤는지, 얼음을 깨는 돌처럼 구덩이를 파고 산맥을 엄청난 크기로 길게 치솟게 했는지에 대해서도 설명한다.

다행히 우리 지구는 항상 새롭게 활동하기 때문에 우리 눈앞에서 끊임없이 움직이는 거칠거칠한 땅거죽도 차츰 변한다. 지구는 스스로를 매일 파괴하고 재건한다. 줄기차게 산을 깎아내리지만, 다른 산을 쌓아 올린다. 골짜기를 파지만 다시 채우려 한다.

지상을 돌아다니면서 자연을 유심히 들여다보면 언덕과 산은 정말 천천히 이루어진다. 기적을 바라는 사람들의 소망처럼 갑자기 치솟는 법은 없다. 땅 한복판에서 불쑥 솟아오르든 고원의 침식으로 천천히 태어나든, 대리석 덩어리가 석상이 되어가는 과정처럼 아주 천천히 모습을 드러낸다.

육지와 섬에서 수천 미터 높이의 땅덩어리가 많은 비를 맞으면 비탈은 점점 크고 작은 계곡과 협곡으로 깎인다. 단조롭던 고원 표면은 봉우리, 능선, 피라미드로 나누어진다. 둥글게 파이고, 넓적하고 가파르게 잘리기도 한다. 그렇게 산맥은 차츰 틀을 갖추고 여기저기 드넓은 땅에서 비슷한 일들이 벌어진다. 평지도 마찬가지다. 한구석에 계속 비를 맞으면 경사면으로 산은 초승달처럼 움푹해진다. 스페인에서는 이런 모습이 흔하다. 라만차 단구(段丘)는 시에라

모레나산맥[10]의 절벽을 끼고 안달루시아 쪽으로 낮아진다.

고원을 산으로 바꿔놓는 것은 지표면의 원인뿐이 아니다. 땅속에서도 마찬가지로 느린 변화 끝에 거대한 붕괴가 일어난다. 망치를 들고 부지런히 움직이는 사람들이 그 구조와 형태를 연구하기 위해 여러 해 동안 산을 돌아다녔는데, 결국 산맥의 뼈대 대신 거대한 단층 또는 갈라진 틈으로 수백 킬로미터씩 뻗은 해저 기반을 찾아냈다. 단애(斷崖) 속에 수천 미터 두께의 덩어리들이 있었고, 완전히 뒤집힌 형태도 관측됐다. 과거의 땅 표면이 지금은 안쪽 면이 된 경우였다. 그 토대가 계속 가라앉는 바람에 망토처럼 지표면을 에워싼 바위들의 형태가 드러나고 말았다. 제막식 때 장막을 거둬 숨겨진 기념비를 갑자기 드러내듯 토대는 산의 핵심을 화끈하게 폭로한다.

하지만 거친 지표면을 이루는 산과 자구의 역사에서 붕괴 자체는 지층에 주름지는 습곡 현상에 비하면 별 것 아니다. 오랜 세월 흙과 바위, 사암층, 금속 광맥 등 모든 것이 눌리면서 옷감처럼 주름 잡혀 산과 계곡을 빚어낸다. 대양의 표면처럼 육지의 표면도 물결처럼 출렁인다. 대단히 힘찬 물결이다. 지표의 평균 높이보다 훨씬 높

---

10   이베리아 반도 남부를 동서로 횡단하는 450여 킬로미터 가까운 산맥이다.

이 솟은 안데스, 히말라야산맥이 그 결과물들이다. 땅 위에 있는 바위들이 옆으로 밀어붙이는 힘에 따라 그 주변 바탕도 계속 요동친다. 과일 껍질에 주름이 잡히는 것과 같다.

땅바닥에서 솟은 봉우리들, 그러니까 해수면 높이보다 차츰 높아져서 대기가 차갑게 얼어붙은 높이까지 치솟은 봉우리들은 용암과 화산재가 굳은 산들이다. 지구의 수많은 곳에서 우리는 각자의 눈높이에서 이런 산들을 쉽게 찾아볼 수 있다. 보통 산들과 다르게 화산은 중심에 굴뚝이 뚫려 있다. 굴뚝에서 증기와 불타는 용암재가 쏟아져 나온다. 그러나 불이 꺼지면 굴뚝은 막히고, 원추형 화산의 경사면도 비와 식물 때문에 원래의 고른 모습을 잃고 다른 산과 비슷해진다. 물론 지구의 가슴속에서 치솟은 바윗덩이들은 용액이든 반죽이든 모두가 그저 땅의 긴 크레바스를 뚫고 나왔다. 로마 남쪽의 베수비오스 화산이나 시칠리아의 에트나 화산의 재처럼 분화구에서 나온 것이 아니다.

산마루에 쌓인 용암과 산등성이를 타고 내려간 용암은 지표상에 솟은 해묵고 뿌옇게 빛이 바랜 산들과 초창기에만 달랐다. 옛날에 불타오르던 용암은 차츰 식었다. 용암은 풍화되어 식물성 흙으로 덮인다. 그 속으로 빗물이 스며든다. 빗물은 개울과 강으로도 흘러 내린다. 바탕은 또다시 새로운 지질 운동으로 넘치며, 다른 산들과 마찬가지로 자갈과 모래와 흙의 지층에 둘러싸인다. 이렇게 용암은 녹아내리는 금속 덩어리처럼 지구라는 거대한 용광로 한복판에서 솟아 나온다.

오래된 산들 가운데 이런 산악 또는 대륙의 '척추(大幹)'라 불리는 조직은 실제 용암이나 그 화학 구조가 비슷한 암석으로 구성된 것들이 매우 많다. 용암처럼 반암, 화성암은 커다란 틈 사이로 삐져나와 땅 위에 퍼진다. 푸석푸석한 물질처럼, 금세 대기와 접촉하면 화강암도 대부분 이와 똑같은 과정으로 굳는다. 화강암은 용암처럼 규소와 알루미늄과 같은 결정체들의 단순혼합물이다. 결국 화강암도 땅속에서 굳은 반죽 덩어리라고 해야 하지 않을까?

이것은 입증된 사실은 못 된다. 그저 가설이다. 땅속에서 터져나온 용암이 숲과 풀밭을 들어 올리듯, 화강암과 그 비슷한 암석이 산악을 구성하는 주되고 다양한 바탕을 종종 들어 올리지 않았을까? 먼 옛날 바닷물과 호숫물에 실려 석회, 모래, 점토가 깊은 바닥에 쌓였던 퇴적층이 지표층이 되었던 것과 마찬가지다. 퇴적층은 더 깊은 아래쪽에서 분출하려는 덩어리에 밀려 뒤집히기도 했다. 이렇게 올라온 화강암은 지표의 위쪽 기반을 무너뜨려 크고 작은 섬으로 만들었고, 이상하게 뒤틀리고 접히고 균열된 섬들은 지금처럼 땅 밑으로 가라앉거나 암초처럼 위로 튀어나왔을 것이다.

그런데 화강암은 각도와 기울기에 따라 바깥쪽 기반을 가르면서 크레바스를 뚫고 나왔다. 그렇게 튀어나오기 전에는 어지간히 위층을 압박해 우그러뜨렸다. 결국 떠밀려 우그러진 위층이 평지가 못 되고, 언덕이나 산이 되었을 것이다. 물속 깊숙이 조용히 쌓인 퇴적층은 용암과 똑같은 융기로서 봉우리로 솟았을지 모른다. 위층에 여기저기 파인 움푹한 자리는 반암이나 화강암에 훼손된 부분일 테고.

산맥 대부분이 용암과 같은 식으로 솟아났다고 할 때, 땅속에서 그 모든 복합 성분이 솟아오른 이유는 여전히 불분명하다. 보통은 지표면이 식으면서 벌어진 수축 작용 때문이라고들 이야기한다. 태초에 지구는 뜨겁고 거대한 액체 금속 방울 같은 것이었다. 그러다가 차가운 우주 공간을 굴러다니면서 차츰 굳었다. 그런데 지표면만 굳었다고 믿고 싶어 하지만 지구 중심도 굳었을까? 아직 알 수 없다. 화산의 용암이 지구 속을 채우고 있는 어마어마한 저장소에서 솟아나기 때문이다. 용암은 땅속의 갈라진 틈으로 솟아난다. 마찬가지로 화강암과 반암 또 기타 비슷한 암석들도 갈라진 지표면을 뚫고 나왔을 것이다. 지구의 상처에서 흘러나오는 진물처럼 녹은 암석은 지표의 압력으로 차츰 식어 단단히 굳었을 것이다.

가론도(Garrondo)의 〈일몰 후 알프스 산맥〉은 몽블랑의 샤모니 연봉을 담고 있다. 2008년.

화석

산이 언제부터 나타났을까? 그것은 인간의 탄생보다 훨씬 오래된 역사라서 우리가 모를 수밖에 없다. 인류가 산의 역사를 이야기했던 것은 지금보다 150세대쯤 전부터였다. 이전까지는 인간 존재라고 해봐야 미미했으니까. 어쨌든 수 세기 전부터 산의 역사는 기록으로 존재했다. 문명이 태동하던 때부터 인류의 조상을 놀라게 했던 대사건이 무수한 전설로 남아 있다.

"산을 이루던 바위들은 넓게 갈라지고 또 건물처럼 층층이 쌓인 채 물에 잠겨 있을 뿐이었다."

강변을 거닐어 보자. 특히 비 오는 날이면 빗물이 땅을 파내면서 잠시나마 도랑이 패이고, 흐르는 물은 먼지와 모래와 자갈을 비롯한 잔해들을 옮기면서 강바닥에 차곡차곡 실어다 놓는다. 물의 흐름이 느린 곳에 이르면 무거운 것들이 쌓이기 시작한다. 가볍고 작은 것들은 더 멀리까지 흘러내려 가면서 층층이 쌓인다.

물보다 조금 더 무거운 진흙은 도랑물이 주춤하는 여울목에 얇고 넓게 덮인다. 물을 타고 내려온 퇴적층은 못과 호수와 바다의 곁에 이르러 더욱 고르게 발전한다. 차분한 물결을 타고 물가의 수면까지 흘러온 것은 물의 깊이에 따라 걸러지기 때문이다. 물결의 고른 움직임은 아무 방해도 받지 않는다.

거대한 자연도 일을 분담한다. 대서양의 바위투성이 연안은 큰 바닷물결이 몰아치는 곳이라 쪼개진 자갈과 조약돌만 보인다. 그러나 끝없이 고운 모래밭이 펼쳐지는 해안에서 물결은 뽀얀 거품처럼 출렁인다. 해저를 탐구하는 사람들은 "방대한 바다 공간에서 해저의 수심 측정기에 달라붙은 쓰레기는 항상 똑같지만, 해역에 따라 흙과 모래의 혼합 비율은 조금씩 다르다"고 말한다. 또 다른 바다에서 해저에 솟은 바위는 순수한 백악기의 성분이다. 조가비, 스펀지 같은 해면(海綿)의 침골, 온갖 미생물, 규토질과 석회질의 하등생물이 끊임없이 해수면으로 비를 타고 내려와, 해저에서 살다 죽어 쌓인 수많은 생명체의 잔해들과 뒤섞이면서 산과 마찬가지로 두텁고 거대한 퇴적층을 이룬다.

그런데 산도 이와 같은 퇴적물로 구성되지 않았을까? 언제인지 알 수 없는 먼 훗날, 대서양의 밑바닥이 평지 높이까지 올라오거나 가장 높은 곳에서 햇빛을 받는 산이 되어 있을지도 모른다. 우리의 후손은 내가 지금 보는 것과 비슷한 토양보다 강물에 산산조각나서 더욱 미세해 져버린 어떤 것을 마주하게 되지 않을까.

아득한 과거의 지질학적 시대, 오랜 동안 형성된 바다와 호수의 지층은 — 대부분 지금은 산이 되었다 — 해수면보다 높은 곳에 있었다. 그런데 이상하게 주름 잡히고 비스듬히 기운 형태가 되었다.

밑에서 치고 올라오는 압력을 받았거나 지구가 차갑게 식거나 꾸준히 위축되는 작용으로 대양은 낮아졌다. 물론 완전히 다른 원인들이 작용했을지 모르지만. 현재는 대륙이 된 과거의 해저층에는 이런 식으로 사암과 석회암층은 남아 있다. 오늘날에는 지층에서 해저 세계가 품고 있던 수많은 잔해를 연구할 수 있다.

그 잔해가 바로 화석이다. 바위 속에 박힌 동식물의 잔해다. 사실 동식물 유해에서 혈액과 수액 방울은 그들의 살점과 마찬가지로 사라졌다. 하지만 모래가 그 자리와 형태를 고스란히 지켜주며 그 부분을 채웠다. 파괴된 것의 색채까지 간직한다. 두꺼운 돌 속에 연체동물의 껍질, 원반, 공, 가시, 원통, 유공충류(有孔蟲類)와 규조류(硅藻類)의 막대처럼 긴 토막들이 우글댄다. 그뿐 아니라 이런 유기체가 가지고 있던 물렁한 살을 정확히 대신할 만한 형태도 남아 있다. 지느러미와 비늘이 완벽하게 남은 물고기 뼈도 있다. 곤충의 앞날개, 연약한 날개줄기와 이파리도 완벽한 모습이다. 발자국도 알아볼 수 있다. 옛날에 해안 모래였던 것이 굳은 단단한 바위에, 빗방울 자국과 해안 물결이 파놓은 골도 남아 있다.

어떤 해저층 암반에서는 매우 드문 화석들이 매우 풍부하다. 대리석이나 백악 전체 덩어리를 구성하기도 한다. 이런 것으로 미루어 지층이 형성된 장구한 시간을 가늠할 수 있다. 사실 모든 화석층이 단층과 붕괴 활동으로 이상하게 뒤섞이거나 뒤집힌 것은 아니다. 화석 대부분은 차츰 쌓인 충적 단계까지 고스란히 간직하고 있다. 그래서 그것이 출현한 순서에 따라 화석을 관찰하고 수집할 수 있다. 지층이 정상적 상태로 남은 곳에서 살펴보면, 호수와 바닷물에 따라 퇴적물이 쌓인 지층은 위층이 아래층보다 훨씬 더 나중의 것이라는 사실을 쉽게 알 수 있다. 무수히 작은 사암과 백악 요소들에 새겨진 세월 덕에 서로 다른 두 층이 구별할 수 있다.

가령 똑같은 동식물 종의 생명 기관이 식은 지표면에서 처음 나타났을 때부터 계속 살아 있었다면, 두 지층의 시대를 분간하기 어려웠을 것이다. 하지만 서로 다른 생명이 오랜 세월 끊임없이 교체되면서 지층 속에 쌓였다. 가장 오래된 바위층 속에서 매우 풍부한 형태들은 그보다 덜 오래된 바위 속에서 차츰 드물어지다가 결국 완전히 사라져버린다. 앞선 생명체들을 뒤이은 새로운 종들도 다른 개별 존재들과 마찬가지로 태어나 번창하다가 언젠가는 몰락해 죽는다. 그래서 각 동식물의 화석은 거목과 비슷하다. 까마득한 옛날에 형성된 토대에 뿌리를 내리고 있지만, 등걸과 가지는 최근 쌓인 지층에서 뻗어난다.

세계 여러 나라의 지질학자들은 바위를 조사하고 분자를 연구했다. 먼 옛날에 살았던 생물의 자취를 찾아내려 하고, 모든 종의 화석이 고리로 이어진 덕분에 그 잔해에서 물이 옮겨준 다양한 지층의 연대를 확인했다.

관찰을 비교해보면, 하나의 화석만 보아도 그것이 박힌 바위가 어느 시대의 것인지 쉽게 알 수 있다. 사암, 편암[11], 석회암 어느 돌이든 조가비와 식물의 뚜렷한 자취를 보여준다. 생물학자는 생물의 자취가 남은 돌이 어떤 종류의 암석이며, 어느 시기에 속하는지 당당히 밝힌다.

그토록 까마득한 옛날에 거대하고 깊은 대양 밑에 살았던 생물의 형태를 드러내는 화석들은 지금 모든 지층뿐만 아니라 산맥의 지층에서도 발견된다. 피레네산맥의 수많은 봉우리에서도 보인다. 알프스산맥은 전체가 화석이나 마찬가지다. 코카서스산맥과 안데스산맥에서도 볼 수 있다. 올라가는 것이 힘들겠지만 히말라야 고봉들에서도 볼 수 있다. 이뿐만이 아니다. 만년설에 덮인 평균 지역을 벗어나는 화석의 넓은 분포지대는 과거에 매우 높은 고도에 있었다. 수많은 산비탈에서 암석층이 종종 끊어진다. 계곡 곳곳에서 이런 절개지가 나타난다. 원래 이어지던 층은 그곳에서 멀리 떨어진 맞은편 산곡에서 나타난다. 중간 부분은 어떻게 되었을까? 과거에는 있었다. 화강암이 쪼개지면서 내부를 드러내며 갈라진 것이다. 갈라진 지층은 가파른 산마루에 적지 않게 남아 있다.

---

11   점판암이라고도 한다. 영어로는 '슬레이트'로 지붕에 많이 사용된다. 단 우리가 일반적으로 슬레이트라고 부르는 가옥의 지붕은 발암물질이 포함된 '인조 슬레이트'다.

2011년 독일에서 발굴한 석회암에 굳은 쥐라기의 나비화석.
스피리돈 욘 케플레나우(Spiridon Ion Cepleanu).

무너지는 봉우리

첩첩이 쌓인 산들도 하늘에서 부는 바람에 날아가 버리는 구름과 같은 운명을 맞는다. 암석의 지질단층을 보면 과거에 분명히 존재했던 3~5킬로미터 두께의 지층이 새로운 창조 작업의 순환에 말려 사라진다. 물론 산은 여전히 멋지고 장엄하다. 얼음처럼 차가운 공간 속으로 구름을 뚫고 높이 솟은 산을 보면 경외심마저 든다. 만년설에 덮인 육중한 산봉우리는 높은 하늘애 절반쯤을 숨긴다. 밑에서 올려다보면 너무 아찔해서 현기증이 날 정도다. 하지만 그렇게 멋진 산도 결국엔 폐허나 다름없다. 단순하게 얘기하자면 가까스로 남은 잔재이기 때문이다.

오래전 점판암과 석회암, 사암들의 층은 산의 토대를 이루고, 또 여기저기에서 부수적 봉우리로서 화강암 봉우리보다 높이 하나의 층으로 결합되곤 했다. 이런 응집 덕분에 이미 크고 높았던 봉우리는 더욱 거대하게 불어났다. 산은 독수리조차 날아들기 어려울 만큼 두 배로 높아졌다. 산소가 희박한 곳까지 치솟았고, 인간의 눈으로는 감히 확인할 수 없을 정도가 되었다. 당시 산이 얼마나 높았을지, 그리고 수많은 세월 동안 빙설과 폭풍우에 의해 어떻게 무너졌을지 상상만 해도 가슴이 떨린다. 얼마나 끝없는 역사인가. 산들이 절반이나 깎이면서 모양을 달리하는 동안, 인간 세상과 만물은 얼마나 숱한 영고성쇠를 겪었을까!

　　세월에 의해 기적처럼 깎이고 파이면서 만들어진 흔적은 산에 고스란히 남아 있다. 산꼭대기에서 빙하에 밀려 눈과 함께 섞여 내려온 잔해는 물에 젖어 잘게 잘리고, 부서지고, 자갈과 조약돌과 모래로 굴러 내렸다. 그러나 모든 것이 먼 옛날에 나왔던 바다로 되돌아가지는 않는다. 어마어마한 퇴적물은 대서양에 접한 강변의 저지대와 가파른 산기슭 사이에서 여전히 모습을 드러내고 있다. 강과 바다의 중간지대, 구릉들이 파도처럼 길게 물결치며 이어지는 곳에서 토양은 둥근 돌과 석고 덩어리로 구성된다. 모두가 산에서 내려온 것들이다.

범람하는 물줄기를 타고 잘게 쪼개지면서 큰 골짜기 출구까지 떠밀려 왔다. 높은 곳에서 쏟아지는 급류는 고원에서 잔해를 멋대로 파내면서 애추(崖錐)[12]를 무너뜨려 물길 속으로 몰아넣는다.

물줄기가 지나가면서 깊이 파인 벼랑에 거대한 산을 이루는 다양한 바윗돌이 복잡하게 섞인다. 화강암 덩어리 혹은 반암 조각 같은 모래 속에 반쯤 파묻힌 채 삐죽삐죽 모습을 드러내는 편암 조각들을 볼 수 있다. 또 다른 곳에는 석영, 사암가루, 석회질 조약돌, 광석 조각, 무뎌진 결정이 보인다. 여러 지질시대의 화석도 찾을 수 있다. 오랫동안 물이 맴돌던 곳에는 물에 실려 떠돌아다니던 수많은 동물의 뼛조각이 걸려든다. 바로 이런 곳에서 무수한 뼈들이 발견된다. 조랑말과 들소, 고라니, 코뿔소, 매머드, 코끼리의 일종인 마스토돈의 유해다. 이들은 아득한 시절 프랑스의 들과 산을 누비던 거대한 포유류들인데 지금은 거의 사라졌다. 인간에게 세계의 지배권을 넘겨주고 자취를 감췄다.

골짜기 물은 짐승의 유해를 조각조각 부수며 실어 내리면서 가루로 만들어버린다. 뼛조각과 화석, 진흙과 모래, 편암, 사암, 반암

---

12 낭떠러지 아래로 부스러져 떨어진 돌더미의 사면.

덩어리들…… 이 모든 것이 조금씩 무너지고 부수어져 바다로 가는 길을 따른다. 거대한 산을 깎고 벗기는 어마어마한 일이 파편 더미에서도 똑같이 시작된다. 물에 파인 잔해더미는 점차 낮아져 동산으로 뚜렷하게 갈라진다. 물론 수 세기 동안 작아지고 무너져 내렸던 잔해들은 산의 넓은 암반에 자리를 잡고 수천 미터쯤 쌓이면서 다시금 거대한 봉우리를 이루기도 한다.

고대 인도의 수도사가 했던 말이 있다.

"하늘나라의 황소가 산들을 핥았다. 하늘의 빗줄기로 산골을 만들었다."

바위가 깎여나가는 놀라운 작용에 대해서는 우리도 확신할 수 있다. 서로 다른 재질로 구성된 산에서 해체와 붕괴가 두드러진다. 산허리에 뚫린 협곡, 산등성이 한복판의 터진 틈, 눈사태와 폭우로 깊게 파인 거대한 산괴를 본다. 옛날에 홀로 떨어져 있던 산에 골이 깊어지면서 두 개의 봉우리로 갈라져 멀어지기도 했다.

이러한 작용은 땅이 흥건하게 젖는 봄에 특히 활발하다. 녹아내린 눈으로 대대적인 붕괴와 압축과 침식이 벌어지고, 산 전체가 주저앉으며 평지로 가고 싶어 하는 듯하다.

포근하고 촉촉하던 어느 날, 나는 봄기운에 쓸려 내려가기 전에 녹지 않은 눈을 한 번 더 보기 위해 골짜기를 돌아다녔다. 눈은 항상 깊은 골짜기를 틀어막는다. 하지만 수없이 많은 곳에서 알아보기 어려울 만큼 시커먼 잔해와 진흙에 뒤덮여 있었다.

계곡을 차지하는 청회색 점판암이 마치 폭삭 삭은 듯 넓은 판석으로 쪽이 나서 떨어졌다. 급류에 휩쓸려 내려온 시커먼 흙이 반쯤 녹은 눈 속으로 찰랑거리며 쌓였다. 사방에서 진창과 잔해에 덮인 눈더미만 보였다. 나도 모르게 덜컥 겁이 나 중얼거렸다. 만약 바윗덩어리들이 눈처럼 무너져 내린다면 골짜기를 덮치고, 먼 거리에 있는 농촌까지 침범하지 않을까?

곳곳에서 녹아내린 눈에서 샘솟는 계곡물은 잔해를 잔뜩 싣고 있어 검은 강물처럼 보였다. 거대하게 꿈틀대며 흐르는 흙탕물이었다. 늘 보아오던 졸졸 흐르는 맑고 시원한 개울이 아니라, 사납게 악을 쓰는 격랑이었다. 모든 잔해가 서로 부딪치고 충동하면서 개울 밑으로 굴러떨어졌다. 특히 봄에 이렇다. 땅이 다시 기지개를 켜는 봄철에 기적적인 파괴가 벌어진다.

보이지 않지만, 돌도 엄청난 사건을 겪는다. 숱한 일기 변화를 겪으며 겉모습만 달라지는 것이 아니라 바윗돌 속에서도 그에 못지 않은 변화가 일어나는 것이다. 산은 밖으로 자신을 덜어내면서 끝없이 제 모습을 바꾼다. 내부에서 기본구조까지 새롭게 변한다. 전체적으로 산은 거대한 자연의 실험실이다. 물리, 화학의 모든 힘이 작용하면서 성과를 내기 위해 인간으로서는 어쩔 수 없는 시간이라는 절대적 힘을 이용한다.

우선 산은 수억 톤에 달하는 엄청난 무게로 내부의 암석을 압박해, 바다에 솟아 있었을 때와 여러 면에서 다른 모습이 된다. 이런 거대한 압력으로 점판암과 그 밖의 편암의 구성물은 잎처럼 얇게 갈라지는 성질을 띤다. 수백만, 수천만 년이 흐르는 동안 짓눌린 구성요소들은 작은 잎처럼 납작해져 쉽게 떨어져 나간다. 그러다가 지질의 혁명이 벌어질 때 암석은 다시 한번 표면으로 떠오른다. 땅의 열기는 어느 정도 땅속 깊숙이 들어가 암석 구조의 변화를 거든다. 석회암은 이런 식으로 대리석이 되었다.

그러나 암석의 구성요소들이 오랜 세월 물리적 조건에 맞춰 서로 가까워지거나 멀어지면서 이합집산만 거듭하지는 않는다. 돌의 구성도 달라진다. 지속적으로 역할을 교대하고 자리를 옮겨 다니며,

뒤섞이고 서로 뒤쫓는다. 깊은 심연에서 피어오르며 산의 단단한 틈을 파고드는 수증기는 지질 활동이라는 거대한 소용돌이 속에서 밀고 당기고 주도하는 기본 운반수단이다.

산의 갈라진 틈새에서 어떤 결정체는 또 다른 결정체에 밀려난다. 철과 구리 또는 금과 은이 점토와 석회의 자리를 차지한다. 칙칙한 무광택 암석이 그것을 뚫고 들어온 많은 성분 덕에 윤기를 발한다. 탄소와 유황과 인(燐)이 이동함으로써 석회는 이회암, 백운암[13], 석고가 된다. 암석은 이렇게 새로운 조합에 따라 부풀거나 압축되며 변동을 겪는다. 산의 내부에서 천천히 일어나는 변동이다. 그 과정에서, 비좁은 공간에 짓눌렸던 돌이 거북한 암반층을 박차고 나와 거대한 면들을 무너뜨리고 끈질긴 노력 끝에 폭발적 변화를 낳는다. 산의 암석들은 이렇게 새 무리로 재편된다.

돌이 압축되고 금이 가며, 동굴과 갱도 속에 파묻히거나 거대하게 무너져 내리면서 산의 형태도 바뀐다. 산의 내부가 달라질 때마다 암석의 구성도 그에 걸맞게 두드러지는 입체감을 드러낸다. 산은 그야말로 모든 지질 변동을 함축한다. 산은 수천 세기 동안 커졌다

---

13   이탈리아 돌로미티에서 볼 수 있다.

가 또다시 수천 세기 동안 작아진다. 산의 지층은 끝없이 성장과 감퇴, 생성과 파괴를 반복한다. 거대한 지구처럼 거대한 규모로 수행된다. 산의 역사는 지구라는 별 자체의 역사다. 줄곧 파괴되고 끝없이 다시 태어난다.

바위와 돌은 어느 것이든 일정한 지질학적 시기를 함축한다. 우리는 빼어난 옆모습으로 지면에 고고하게 솟은 산을 보면서 전체의 통일과 또 각 부분과 전체의 조화를 단 하루에 벌어진 모양이라고 생각하곤 했다. 그런데 이런 산의 형상은 수백만, 수천만 년의 세월 동안 빚어졌다. 해묵은 화강암은 오랜 나이를 보여준다. 지상의 광재(鑛滓)가 식물 섬유소로 뒤덮이지 않았던 시대를 증언한다. 편마암(片麻巖)은 동식물이 태어나기도 전에, 다시 말해 대서양에서 연안으로 밀려왔을 때, 산들이 벌써 물결에 무너졌을 때 지상에 나타났을 것이다.

동물의 뼈나 희미한 흔적을 간직한 점판암은 지상에서 끊임없이 생존 투쟁하며 살았던 무수한 세대의 역사를 들려준다. 석탄의 자취는 방대한 숲이 죽어버리면 얇은 석탄층으로 변한다는 사실을 알려준다. 석회암 절벽에서 현미경으로나 보이는 극미동물 더미는 해저에서 빠르게 번식했던 무수한 유기체의 활동을 보여준다. 온갖 잔해에서 빗물과 눈, 얼음과 도랑이 장구한 세월 동안 활동무대를 바꾸면서 지금도 그렇듯 옛날에도 산을 깎아내렸다.

　이처럼 산에서 벌어지는 일련의 지속적 현상의 줄기찬 순환과 변동을 생각해보면 산을 창조의 여신이라고 했던 신화의 기원이나 오래전 시인들의 노래를 이해할 만하다. 산이 평야에 비옥한 물과 흙을 보내주었고, 태양의 도움으로 산에서 생물과 인간이 태어났다. 산이 사막에 꽃을 피우고 행복한 도시들을 퍼뜨렸다. 고대 그리스의 전설에 따르면 에로스 신이 땅을 빚고 산을 세웠다. 태초의 혼돈에서 처음 태어난 에로스는 항상 어린 신이다. 끊임없이 새로워지는 자연이야말로 영원한 사랑의 신이다.

사진가 발베그스(Walwegs)가 담은 알프스 티롤 지방, 라베르도의 '트레 치메' 봉. 2007년 작품.

흙과 돌더미

산은 비와 눈, 얼음과 산사태에 따른 침식으로 끊임없이 평평해진다. 그뿐 아니다. 갑자기 거세게 무너져, 갈라지고 쪼개지며 평탄해지기도 한다. 높이 솟은 층의 재질이 다양하기 때문에 벌어지는 재앙이다. 높은 층이 물에 쉽게 쏠리거나 녹는 바람에 산의 일부가 떨어져 나간다. 중간재질이 빠져나가면 지층은 버티지 못하고 머지않아 골짜기로 무너져 내린다. 거대한 급경사 옆에 무너진 잔해는 작은 언덕이나 동산이 된다.

홀로 고고하게 떨어진 채 위풍당당하게 뻗은 능선이 아름다워서 내가 자주 오르던 고봉은 항상 깊은 지층을 깔고 앉은 거대한 정상처럼 따로 떨어진 바위로 보였다. 사실 이런 고봉은 이웃 산에서 갈라진 단면이다. 어느 날 해질 무렵 그 봉우리를 보았을 때, 이웃한 두 산의 사면이 거의 똑같은 면에서 갈려진 것임을 알았다. 무너진 산더미가 산에서 떨어져 나오면서 구르다가 뒤집혀 마을과 밭, 숲과 초원까지 내려왔다. 산더미의 한 면은 땅바닥에 묻혔지만, 다른 한 면은 일부만 무너져 있었다.

산은 무너지면서 모든 골짜기 통로를 덮쳤다. 산에서 내려온 물은 과거에 평지에서 편안히 흐르다가 호수로 변했다. 그렇게 갇혀 있던 호수의 원곡(圓谷)을 채우려 했지만 급류와 폭포로 이어지면서 다시 밑으로 흘러내린다. 이런 변화는 그 지역에 사람이 살기 전에 벌어졌을 것이다. 그래서 그 거대한 변화를 이야기하는 전설은 없다. 농민들도 자기 고장의 산 이야기를 지질학자에게 듣게 마련이다.

고장의 면모를 바꾸지는 못할 더 작은 바위들의 붕괴도 마을과 주민을 덮친다. 산간 주민들에게 설명할 필요는 없다, 주민들은 산이 무섭게 무너지는 사태를 너무 자주 목격한다. 보통 주민들은 산사태를 그 직전에 알아차린다. 산 내부에서 힘이 치솟을 때는 계속해서 높은 곳의 암석이 흔들려 기슭으로 굴러떨어진다. 작게 조각난 파편들이 먼저 떨어져 나오면서 벼랑을 따라 길게 튀며 구른다.

더 무거운 덩어리들은 자갈들의 뒤를 이어 허공에 힘찬 곡선을 그리면서 구른다. 그다음에 바위 전체의 갈라진 조각들이 떨어진다. 이렇게 굴러떨어지는 것 모두가 산의 내부에서 그것들을 붙들고 있던 것들과 갈라지기 때문이다. 그렇게 갑자기 바윗덩어리들이 무서운 우박처럼 지축을 흔들면서 땅바닥으로 쓰러진다. 기가 막힐 만큼 어마어마한 굉음이 울린다. 천둥이 수백 번 다투듯 으르렁댄다고 할까. 멀쩡한 대낮에도 넘어진 바위의 돌가루가 먼지와 흙과 초목과 뒤섞여 하늘을 밤처럼 캄캄하게 뒤덮는다.

거센 폭풍이 지난 뒤, 산이 더 이상 들판에 넘어진 바윗돌을 흔들지 않고 하늘이 개면 산골 사람들은 밖으로 뛰어나와 넋을 잃고 재앙을 둘러본다. 오두막과 텃밭, 땅과 풀밭은 끔찍한 돌더미에 모두 뭉개져 사라졌다. 친구들과 어른들이 깊이 잠든 사이에 벌어진 일이다.

산골 사람들은 자기네 골짜기에서 "한 마을이 두 번이나 산사태로 무너지고 나서도 다시 같은 곳에 마을을 재건했다"고 한다. 그곳 사람들은 멀리 도피하거나 더 넓은 골짜기로 나갈 수도 있었다. 하지만 어떤 이웃 부락도 그들을 반기거나 땅을 내주려 하지 않았다. 별수 없이 허공에 걸린 바위의 위협을 받으면서도 또다시 눌러앉아 살았다. 그들은 저녁마다 종을 울려 과거의 공포를 상기시켰다. 운명이 불시에 예고도 없이 밤사이에 덮칠 수도 있다고.

산사태로 무너져 내려 밭에 나뒹구는 바위마다 무서운 전설을 간직하고 있다. 희생자들을 연상시키는 바위들도 있다. 수직으로 서 있는 거대한 바윗덩어리 하나는 땅에 깊게 뿌리박고 있었다. 그 놀라운 크기와 힘찬 암괴와 고운 입자가 오싹해 보였다. 거대한 바위 밑에는 길가로 벗어난 작은 오솔길이 곧장 뻗었다. 부근에는 재와 식기의 잔해가 길바닥에 쌓여 있었다. 텃밭의 담장은 바위 밑에서 끝났다, 채소를 심은 밭고랑은 잡초에 절반쯤 파묻혔고, 거대한 바위 곁을 둘러싸고 있었다.

누가 이렇게 이상한 곳을 골라 텃밭을 만들었다가 버려두었을까? 나는 차차 알게 되었다. 좁은 오솔길과 잿더미와 텃밭은 과거에 바위에 덮친 작은 집터였다. 산사태가 나던 날 밤 한 남자 혼자 그 집에 살고 있었다. 그 사람이 돌더미가 폭포처럼 산기슭을 타고 쏟아지는 것을 보았다. 질겁한 그는 창문 밖으로 뛰어나와 개울 뒤쪽 비탈로 몸을 피했다. 그가 집 밖으로 뛰쳐나오자마자 거대한 돌덩어리가 포탄처럼 날아들어 집을 통째로 몇 미터 땅속에 처박아 버렸다. 마치 거대한 망치로 두드리는 듯했다. 다행히 목숨을 건진 그 사람은 다시 오두막을 세웠다. 이번에는 엄청난 절벽에서 떨어진 또 다른 바위 위에 안심하고 은신처를 지었다.

수많은 산골짜기에서 '토끼굴[14]'이라고 하는 돌들이 줄줄이 굴러떨어진다. 계곡물과 오솔길이 힘겹게 그 사이를 뚫고 흐른다. 끝도 없이 미궁처럼 뒤섞인 거대한 돌덩어리는 정말로 흥미롭다. 더 높은 산허리에서도 바위의 모양과 빛깔로 어디에서 무너지기 시작했는지 알 수 있다. 너무 놀라워 궁금하기 짝이 없다. 별로 넓어 보이지도 않는 골짜기에서 어떻게 그런 돌을 홍수처럼 쏟아냈을까.

여행자라면 수많은 기이한 돌덩이들 한복판에서 완전히 또 다른 별세계에 와 있는 듯 의아해진다. 거의 그만그만하고 조금 울퉁불퉁한 땅 위에 기념비 같은 바위들이 여기저기 환상처럼 서 있다. 탑이자 총안을 두른 현관, 둥근 기둥, 뒤집히거나 바로 선 무덤 비슷하다. 돌 한 덩어리로 놓은 다리가 개울을 덮는다. 물이 그 밑을 파고들며 거대한 무지개 꼴을 뚫었다. 이런 돌다리 밑으로 흐르는 물소리마저 들리지 않는다. 거대하고 괴상한 암석들은 지층에 분해되

---

14 물에 표면이 깎인 돌.

어 파묻힌 동물 화석 비슷하다. 매머드, 마스토돈, 큰 거북, 날개 달린 악어 등 괴물 같은 짐승들이 무시무시한 구덩이 속에 우글거린다. 줄지어 쌓인 수많은 바윗돌은 한 덩어리만으로도 채석장이 되거나 마을 전체에 건물을 짓고 남을 만큼 거대하다.

'토끼굴'이라는 구렁텅이 비슷한 바위 동굴은 겁이나 조심해 들어가 볼 뿐이지만, 넓은 지역을 잔해로 덮은 산사태에 비하면 무서운 편이 아니다. 산악의 봉우리들은 육중하고 압축된 암석이 물에 무너지기 쉬운 허약한 바닥층에 올라앉은 구조다. 산악에서 암석의 붕괴가 잦다. 비가 오거나 산사태가 일어나는 것과 마찬가지다. 산마루를 올려다보면서 우리는 항상 무너질 조짐은 없는지 살펴본다.

그다지 멀지 않은 곳에 '폐허의 고장'이라는 곳이 있었다. 그곳에 봉우리가 둘 있다. 주민들 이야기로는 옛날에 서로 싸우던 봉우리들이다. 봉우리마다 거인처럼 살아 일어나 서로 바윗돌을 던지며 상대방을 제압하려 했지만, 승부가 나지 않아 지금까지 떡 버티고 있다고 한다. 물론 싸우는 바람에 바윗돌들이 어마어마하게 먼 평야까지 날아갔겠지만.

우리는 산을 모방할 때가 있다. 나약한 인간들이 다른 사람들을 무너뜨리려 할 때다. 가파른 절벽 사이로 비좁게 이어지는 협곡에서 산간 사람들은 적들의 머리에 돌을 굴러 떨어뜨리며 자신을 지킨다. 바스크족이 그렇게 했다. 이들은 피레네산맥의 서쪽 끝 알타비스카르 산의 높은 벼랑 위 가시덤불에 숨어 롤랑 기사가 이끄는 프랑크 군대를 기다렸다. 적군은 롱스보 협곡을 빠져나가야 했다.[15] 마치 도마뱀처럼 구불구불 길게 늘어진 행군 대열이 골짜기를 가득 채웠을 때 고함과 함께 바윗돌들이 밑으로 우박처럼 쏟아졌다. 골짜기 냇물은 피로 물들었고 병사들은 사지가 잘리고 포도주 압착기에 짓눌린 듯 피를 흘렸다. 사람들의 몸통과 살점은 굴러 내린 돌더미에 모두 짓이겨졌다. 프랑크 전사들은 모두 피투성이가 되어 죽었다. 지금도 알타비스카르 산 밑에서 롤랑이 동지들과 함께 죽은 장소가 남아 있다. 하지만 이들을 몰살한 돌들은 오래전에 덤불과 잡초 속에 파묻혀 자취를 감추었다.

인간이 하는 일이라고 해봐야 기후나 산의 내부 압력으로 발생하는 자연 붕괴에 비하면 하찮기 짝이 없다. 거대한 암석 붕괴가 남

---

15 서기 778년 8월 15일의 사건이다. 롱스보 마을의 수도원은 산티아고 델콤포스텔라 성지순례로의 중요한 길목이다.

긴 수 세기 후까지 정말로 무시무시한 자취를 남긴다. 그렇지만 자연은 결국 재앙을 스스로 수습한다. 산에서 가장 우아한 곳들은 바로 산 밑으로 바윗돌을 굴리며 흔들렸던 절벽이다. 오랜 세월 동안 물도 자기 몫의 일을 해낸다. 진흙을 실어 나르고, 모래를 옮겨 산 밑바닥을 다시 돋우면서 식물이 자랄 토양을 조성했다. 개울은 흘러 거추장스럽게 길을 가로막는 돌들을 차츰 치우고 깎아 버렸다. 잔돌들은 풀밭을 덮으면서 괴상한 포장도로를 만들었다. 초원은 꼽추처럼 껑충하게 등이 솟고, 뾰족뾰족 돋아난 둔덕들로 덮인다. 큰 바위들도 이끼에 덮여 곳곳에서 그림 같은 구릉을 펼친다. 이런 바위 곁에서 나무와 덤불이 숲을 이루고, 이미 우아하던 산악 전체의 풍경은 더욱 큰 매력을 갖춘다. 사람의 얼굴처럼 자연도 인상을 바꾼다. 주름살을 펴고 미소짓는다.

노스요크셔 지방 말럼 코브의 석회암 지대, 데이비드 벤버니크(David Benbennick).

구름

산은 땅 위에서 가장 높아 보이지만 거대한 지구에 비하면 코끼리 잔등의 꺼칠한 사마귀에 불과하다. 한 점 모래알이다. 거대한 지구에서는 그렇게 작게 삐져나온 점이라고 해도, 허공에 걸린 산의 능선은 사람들이 살고 있는 산자락과 매우 다르다. 산에서 바위를 타고 위로 올라가 보면 몇 년 동안 바다와 대륙을 오가면서 세계일주를 했던 사람도 더욱 풍성한 여행을 할 수 있다.

대서양과 해수면 높이에 가까운 저지대에서 공기는 매우 무겁다. 그러나 공기는 고지대로 올라갈수록 희박하고 가벼워진다. 육지에 솟은 수많은 산꼭대기에서 공기 분자는 평지의 절반도 안 된다.

고지대에 이르면 햇빛과 기온, 날씨는 물론 모든 식물이 바뀐다. 공기가 엷기 때문에 태양열이 쉽게 통과해 직사광이든 반사광이든 쉽게 상승한다. 맑은 하늘에서 해가 뜨고 반짝이면 높은 벼랑에서 기온이 급상승한다. 하지만 해가 들어가면 산악의 고지대는 금세 식고 낮에 받은 열기를 잃는다. 그래서 고지대는 항상 춥다. 프랑스의 산에서 200미터가량 높아질수록 기온은 평균 1도씩 내려간다.

오랫동안 수많은 사람이 내쉬는 독하고 무거운 공기에 짓눌려 사는 불운한 도시민들은 높은 산에 올라 맑은 공기를 들이키는 것만으로 그 상쾌함에 놀란다. 지나는 바람을 들이마시는 것만으로도 기쁘다. 바람은 마치 고대 신화에서 말하는 신들의 음료 같다. 높은 산꼭대기에서 내려다보면 우리 발밑으로 저 멀리 펼쳐지는 평지의 대도시는 그 무엇도 분간하기 어려울 만큼 뿌옇고 더러운 공간일 뿐이다. 연기와 먼지와 불순한 공기에 찌들어 살았던 세월이 역겨워지기만 한다.

안개 걷힌 봉우리와 멀리 무거운 대기에 짓눌린 낮은 땅을 바라보면 산과 평야의 모습은 얼마나 다른가! 정말 아름다운 풍광이다. 특히 비가 공중에 떠다니던 먼지를 땅바닥에 쓸어내릴 때 공기는 다시 젊어진다. 바위와 눈의 윤곽은 파란 창공에서 더욱 뚜렷하다.

거리가 엄청나게 멀지라도 산은 대기의 밑바닥처럼 푸르고, 하늘을 배경 삼아 능선과 자락으로 선명하게 굽이친다. 크고 작은 골짜기와 벼랑이 다 보인다. 구름 위로 천천히 움직이는 검은 점을 망원경으로 들여다보면 봉우리를 타고 오르는 친구일 때도 있다. 저녁에 해가 지고 나면 삼각형 덩어리의 산은 순수하고 찬란한 아름다움을 뿜낸다. 지상의 다른 곳은 완전히 어둠 속에 잠기고 황혼의 희뿌연 잿빛이 지평선에 깔린다. 골짜기 입구는 벌써 캄캄한 밤이다. 하지만 산 위쪽은 여전히 밝고 영롱하다. 아직 다 넘어가지 않은 해를 마주한 채 만년설은 장밋빛 광채를 발한다. 어둠이 짙어질수록 더 붉게 타오르면서 산기슭을 서서히 물들이며 검은 장막을 씌운다.

가장 높은 봉우리만 지상의 굴곡 저 너머의 해를 본다. 그러면 봉우리는 섬광을 띤다. 기적 같은 다이아몬드 빛이다. 인도 전설에 따르면 신성한 산마루에 전광석화처럼 금강석이 떨어진다. 그러나 화염은 갑자기 공간 속으로 흩어진다. 그래도 한동안 계속 보이기는 한다. 지평선의 자줏빛 연무가 햇빛을 반사하기 때문이다. 그렇게 산은 다시 한번 밝아지지만, 광채가 이전 같지는 않다. 바위도 뿌연 광채에 휩싸여 잘 보이지 않는다. 신기루처럼 빛은 대기 중에 흩어진다. 높은 봉우리는 지상을 떠나 창공에 떠 있는 듯하다.

봉우리가 아름답게 보이는 까닭은 고지대의 공기가 엷기 때문이다. 저지대의 대기오염이 걷힌 덕이다. 희박한 공기 탓에 바다와 평지에서 눈에 띄지도 않던 수증기가 올라오면서 산허리에 구름으로 뭉친다. 보통 증발한 물은 공기의 아래층에 걸려있을 때 즉시 구름이 되어 비로 떨어져 내릴 만큼 충분한 양은 못 된다. 이런 대기는 공중에서 눈에 보이지 않는 희미한 가스층을 유지한다. 그러나 증기를 싣고 하늘로 올라간 공기층이 차츰 식으면서 물방울로 굳어져 금세 모습을 드러낸다. 처음에는 거의 보이지 않을 정도로 엷어 창공에 핀 흰 눈송이 같다. 그러다가 눈송이들이 하나둘 뭉치면서 찢어진 망사처럼 얽히고 여기저기 공간 깊은 곳에서 눈에 띈다. 결국 두루마리처럼 두껍게 뭉치거나 피라미드처럼 쌓인다. 이런 구름은 정말 산처럼 지평선 위로 떠오른다. 화관 같고 둥근 지붕 같은 모습, 눈부신 눈과 얼음, 짙은 굴곡과 가파른 경사 등 구름도 다채로운 모습을 뚜렷하게 드러낸다.

어쨌든 증기로 뭉친 산 같은 구름들은 공중에 잠시 떠 있을 뿐 덧없다. 그렇게 뭉쳤던 증기를 흩어버리는 대류 탓이다. 공기의 산은 고작 몇 시간 동안 나타날 뿐이다. 반면에 바위산은 수천 년을 간다. 그만큼 큰 차이가 있을까? 지구의 나이에 비추어 보면, 구름이나 산이나 하루 일감에 불과하다. 몇 분이나 수 세기나 시간의 깊은 심연 속으로 굴러떨어진다는 점에서는 똑같다.

구름은 특히 탁 트인 하늘 높이 솟은 바위산 주변으로 몰려든다. 구름과 반대 전극을 띤 바위에 끌려온다. 허공의 바람에 밀린 또 다른 구름들은 산비탈이나 높은 장애물에 부딪힌다. 그밖에 미지근한 대기 중에 보이지 않는 엷은 구름은 차가운 돌이나 쌓인 눈과 접할 때나 서리와 김의 모습으로 변신한다. 산이 증기를 압축하고 공기 중에서 짜내는 셈이다. 산마루나 산등성이를 볼 때마다 막 부풀기 시작한 새털구름은 얼음같이 차가운 봉우리 둘레로 모여든다. 분화구에서 치솟는 것 비슷한 연무가 올라온다. 그러면서 즉시 봉우리를 감싸고, 산은 결국 투명한 대기 속에서 빚어지는 왕관 모양의 구름에 둘러싸인다. 마치 '보이지 않는 손'으로 누군가 폭풍을 반죽하면서 비를 내리려 준비하는 것 같다.

잔뜩 겹친 구름들에 가려 산이 사라지는 모습을 보면서 평지에 사는 주민들은 거인이 머리를 묶고 한바탕 잔치를 벌이려 한다고 믿었다. 바람이 서로 다른 방향에서 불다가 봉우리에서 마주치면 하나는 뜨거워지고 다른 하나는 식어버리면서 돌연 연무가 하늘로 소용돌이치며 치솟는다. 산은 화산처럼 김을 퍼트린다. 씩씩대며 입김을 불면서, 먼 하늘을 방대한 곡면으로 덮는다.

구름들은 떨어져 나와 제멋대로 하늘 속으로 흩어지다가 층층이 쌓이거나 서로 둘러싼다. 바람 밑으로 올처럼 풀리기도 한다. 또 지상 최고봉들을 훌쩍 뛰어넘는 높은 곳까지 사다리를 걸치듯 치고 올라가기도 한다. 구름의 다양한 모양은 산마루에 걸친 것들보다 더 거대하다. 산마루에 걸친 구름들은 특이하게 움직인다. 수평이동하는 차가운 대류를 타고 움직이는 고립된 구름이기 때문에 골짜기를 타고 오르거나 튀어나온 바위들에 걸려 갈라지면서 능선을 타고 위로 오른다. 그런가 하면 산비탈 어디에나 숨어 있는 큰 구름도 있다. 익숙한 산봉우리들도 불었다가 줄고, 이동하거나 흩어지면서 두터운 구름에 감싸이면 살아 움직이듯 빼어난 풍광을 연출한다.

옛날에 서로 다른 온도의 층층이 겹친 대기층들은 지질학적 수평층과 완전히 다르다고 생각했다. 그곳에서 만들어지는 구름들은 거의 비슷한 형태를 보이기 때문이었다. 규칙적인 평행 띠처럼 생겼다. 숲을 덮기도 하고 풀밭과 눈밭과 바위를 덮기도 하며, 투명한 목도리처럼 반쯤 가리기도 한다. 고산과 첨봉과 절벽은 구름에 휩싸이곤 하는데, 지상으로 내려앉으려는 시커멓게 찌푸린 하늘 같다.

산은 증기의 증감에 따라 멀거나 가까워 보인다. 그러다가도 모든 것이 순식간에 산마루에서 사라지기도 한다. 산 전체가 안개 속으로 모습을 감추는 것이다. 천둥은 산마루에서 무거운 증기의 바다를 후려친다. 거대한 산이 "영원히 활개 치는 구름 사이로 막막하고 슬픈 얼굴을 다시 내민다."

천둥을 몰고 오는 구름, 〈위키 커먼스〉의 Fir0002 사진, 2004년.

안개와 뇌우 雷雨

산에서 안개 속을 지나다 보면 무서우면서도 환상이 펼쳐지는 낯선 세계에 들어서는 듯한 기분에 휩싸일 때가 있다. 별로 가파르지 않은 비탈길과 오솔길을 잘 헤쳐 나갈 때조차 주변 풍경을 보면서 꽤 겁에 질릴 때도 있다. 짙어지나 싶다가도 어느새 맑아지는 안개를 헤치며 걷다 보면 정체불명의 존재가 오락가락하는 것만 같다.

안개에 휩싸였을 때 불안에 떨지 않으려면 자연과 친숙해져야 한다. 아주 작은 것도 어마어마해 보이기 때문이다. 수상하고 시커먼 것이 나를 잡으러 다가오는 것일까? 나뭇가지일까, 나무일까? 그저 작은 덤불은 아닐까? 거미줄을 마주하고서 길을 가로막는 동아

줄로 착각하기도 한다!

어느 날 나는 엷은 안개 사이로 번지는 햇살에 걸음을 멈추었다. 감탄사가 절로 나왔다. 뒤틀린 거목이 체조선수처럼 팔을 뒤틀고 산등성이 높은 곳에 서 있었다. 폭우에 영웅처럼 맞서 완강히 버티는 나무를 처음 보니 신이 났다. 운이 좋구나 싶었다. 한참 동안 나무를 바라보았다. 그런데 나무가 조금씩 내게 다가오는가 싶더니 금세 작아 보였다. 위풍당당한 해가 안개를 쫓아버리자, 우람하던 나무는 이웃 나무들 틈에서 삐죽 튀어나와 있던 왜소한 관목으로 드러났다.

안개 속에서 길을 잃고 당황한 여행자는 절벽과 계곡 한복판에서 정말 무서운 상황에 빠진다. 사방 어디나 위험천만하고 치명적이다. 가능한 빠른 걸음으로 걷고 또 걸어 풀밭으로 이어지는 평지로 내려가거나 안전한 오솔길로 가야 한다. 그러나 사위가 모호한 상황에서 표지판으로 삼을 만한 것도 없다면 모든 것이 장애물이다. 당황한 여행자는 한쪽을 땅이 꺼지는 벼랑 끝이라 생각한다. 다른 쪽 바위를 보면 그 위로 막혀 올라갈 수 없는 절벽이라 생각한다. 심연을 피하려고 가파른 바위를 타고 내려가려고도 한다. 울퉁불퉁한 돌을 딛고 뒤뚱댄다. 그러다 보면 금세 하늘과 땅 사이 허공에 떠 있는 듯하다. 마침내 능선에 올라서지만, 바위 뒤쪽으로 불확실하게 움직이는 또 다른 풍경과 마주친다. 절벽 위에 나무와 덤불이 뒤엉켜 안개 사이로 무섭게 가지를 뻗고 있다. 뿌연 그림자 속에서 꿈틀대는 시커먼 덩어리만 보일 때도 있다. 나뭇등걸은 보이지 않고 가지들만 눈에 들어온다. 얼굴은 보슬비에 젖는다. 수풀과 안개가 물을 잔뜩 머금고 있어 호수를 건널 때처럼 젖고 만다. 팔다리가 굳어지고 발도 헛디딘다. 풀잎이나 축축한 바위에 미끄러지거나 절벽 아래로 굴러떨어질 뻔하는 아찔한 경험도 찾아온다. 불길한 일을 예언하기라도 하는 듯한 무시무시한 소리가 산 아래서 들려온다. 돌이 굴러떨어지는 소리, 비에 젖은 나뭇가지 흔들리는 소리, 귀가 멍하도록 우렁찬 폭포 소리, 호숫가에서 을씨년스럽게 철썩이는 물소리가 들린다. 황혼에 안개가 붉게 물들기 시작하면 너무 무서워 바위에 깔리거나 추위에 얼어 죽을까 착잡할 것이다.

기후에 따라 산에서 겪는 경악과 공포는 주로 안개에 둘러싸였을 때 나타난다. 스코틀랜드와 노르웨이의 산들은 무서운 위용을 뽐내지만, 사실 다른 대륙의 산만큼 높지 않다. 그런데 그곳 산들은 번번이 짙은 안개에 덮여 있다. 모습을 보일 때도 안개에 가려져 일부만 드러나곤 해서 여행자들은 그 구름 같은 안개 속에 들어가 있기 마련이다. 멀리 있던 것이 갑자기 성큼 다가오거나, 해가 비쳐 윤곽이 뚜렷이 드러날 때 낮아졌다가, 다시 안개 속에 파묻히면서 커 보이기도 한다. 이렇게 산은 변화무쌍하게 구름 위로 머리를 흔드는 거인 같다. 이런 산들은 청명한 하늘 아래 언제나 윤곽이 뚜렷한 이집트의 산들과 정반대다. 오시안이 노래했던 산들이다.[16]

"저 산들이 너를 내려다보네. 웃기도 하고 겁을 주기도 하면서……
어쨌든 너의 삶에 기대어 너와 더불어 느끼며 살아가네."

시인은 산에 인간의 영혼을 불어넣었다. 우리는 당연하다는 듯 그렇게 믿는다.

공기가 맑은 날 연무에 둘러싸인 산을 아래에서 올려다봐도 아름답지만, 이른 아침에 산마루부터 꼭대기까지는 맑은데 반대로 아득한 운해(雲海)에 둘러싸인 산 아래를 내려다볼 때도 절로 감탄사가 터진다. 보이지 않는 곳까지 사방으로 펼쳐진 진정한 대양이다.

---

16   오시안(Ossian)은 3세기 무렵 낭만적인 서사시를 많이 지었던 스코틀랜드 시인이다.

안개가 파도처럼 출렁이는 바다다. 바닷물처럼 규칙적으로 출렁대면서도 시선을 어디에 둘지 모를 만큼 장엄한 혼돈이 펼쳐진다. 한쪽에서는 안개가 굴뚝에서 빠져나온 연기처럼 피어오르며 회오리치다가 새털처럼 흩어진다. 또 다른 쪽에서는 어둠에 덮인 골짜기를 파고든다. 더 먼 곳에서는 계속 안개가 선회한다. 쫓기는 함대처럼 이상하게 맴돌기도 한다.

때때로 증기의 수평면은 아주 고르다. 안개의 파도는 능선 앞에 튀어나온 바윗돌들 주변에 이르면 거의 같은 수준으로 출렁인다. 곳곳에서 고립된 고원들이 섬이나 암초처럼 떠다니는 것처럼 보인다. 안개의 바다는 여기저기가 갈라지고 트여 계곡 밑을 드러내기도 한다. 산꼭대기에 비해 혼탁한 속세 같은 골짜기를 보여준다. 햇빛은 거대한 연무의 바다 위에 떠 있는 비단안개를 비스듬히 비춘다. 분홍과 자주와 황금빛들이 끝없이 떠 있는 넓은 양탄자 같은 하얀 안개에 섞인다. 멀리서 수증기 위로 반사되는 봉우리의 그림자는 해의 이동에 따라 끊임없이 변한다.

나는 안개 바다의 물결에 비추는 내 그림자에 놀라곤 했다. 거인처럼 큰 그림자였다. 양팔을 휘저으면서 고개를 숙이고 제멋대로 걸어 나가는 유령 같았다.

물굽이에 둘러싸여 파란 바다 한복판에 솟은 산들은 거의 언제나 그 중간 높이에 안개를 보자기처럼 덮고 있다. 그 사이로 넓고 푸른 평야가 펼쳐진다. 그러나 더 높은 곳으로 올라가면 비로소 안개 보자기가 오르락내리락 너울대면서 우연히 그러듯 변하고 녹아내린다. 지속되는 현상은 아니다. 몇 시간, 며칠 동안 산 아래를 덮었던 안개도 햇살에 뚫리고 찢어지고 조각조각 흩어져 증발해 허공 속으로 사라지고 만다. 그러면 땅은 금세 희뿌연 빛이 걷히고 다시금 강렬한 햇살에 환하게 반짝인다. 물론 그 반대로 더욱 자욱해진 안개는 소용돌이치며 뭉쳐 구름이 된다. 구름은 서로 당기고 밀친다. 증기가 커지면서 전기를 띠기 때문이다. 그러면 우레를 치면서 땅 위로 폭풍우를 퍼붓는다.

뇌우는 일단 시작되면 높이 치솟지 못한다. 낮은 대기권에 걸쳐 있어 고원의 환하고 메마른 초원에 있던 사람들은 발밑에서 격돌하는 구름을 볼 수 있다. 장엄하고 무서운 그림 같다. 격투의 혼전이 벌어지는 틈새로 푸르스름한 빛이 새어 나온다. 구릿빛과 보랏빛을 반사하는 구름 덩어리는 거대한 용광로처럼 보인다. 마치 지구가 벌어지고 그 한복판에서 용암을 바다처럼 쏟아내는 것만 같다. 깊은 수렁에서 연기가 꼬리를 물고, 섬광이 불을 뿜는 용들처럼 꿈틀댄다. 산에 부딪혀 흩어진 공기는 회전을 거듭한다. 모든 바위는 우레로 답한다. 그와 동시에 산 밑에서는 회오리치는 구름들 사이로 귀를 찢을 듯한 소리가 들려온다. 비와 우박이 떨어지는 소리다. 나뭇가지들이 부러지고 바위가 쪼개진다. 돌더미가 굴러떨어지고, 불어난 계곡물은 둑을 무너뜨린다. 이렇게 뒤섞이다 보니 굉음은 산꼭대기까지 올라온다. 사람들이 사는 평지에서 올라오는 신음소리다.

어느 날 나는 산꼭대기에서 조용히 앉아 고요한 하늘을 바라보았다. 그런데 산 밑에서 우레를 치는 구름이 보였다. 도시에서 들리던 소리와는 전혀 달랐다. 나는 시커멓고 짙은 구름 속으로 빨려들듯 밑으로 내려갔다. 밝은 대기층을 뚫고 비와 우박의 소용돌이 속으로 뛰어들면서 청천벽력을 맞는 것만 같았다.

나는 개울로 변한 오솔길을 따라 내려가면서 돌들을 딛고 뛰어넘었다. 천둥 번개와 성난 폭우와 흔들리는 나무들이 내지르는 신음소리에 미친놈처럼 환호하며 내달렸다. 마침내 산골 마을에 이르러서야 사방이 조용해지고, 나는 사람들의 도움으로 불 곁에서 옷을 말리며 마음 편히 빵을 씹었다. 그날 밤 나는 자연에서 느꼈던 이상한 위력을 그리워했다. 저 높은 곳 비바람 속에서도 나는 잠시나마 구름과 한 몸이 되었던 듯했다. 몇 시간 동안, 거의 정신없이…….

안개에 뒤덮인 산자락. 사카주키가다케(大原佳苗)의 〈구름바다〉, 2005년.

눈[雪]

"눈처럼 희고 눈부시다."

고산족은 만년설에 덮인 높은 봉우리들을 언제나 이렇게 이야기하곤 했다. 그들은 산꼭대기와 구름 너머로 드러나는 찬란한 눈과 얼음의 풍경을 바라보며 감탄했다. 우리가 사는 저지대의 단조로운 황토와 강렬하게 대비되는 흰 봉우리들에 대한 감탄사는 멈추지 않았다. 한여름 뜨거운 먼지로 뒤덮인 길에 지친 여행자들은 그늘로 들어가 쉬면서 비로소 고개를 들어 만년설을 바라본다. 은판처럼 햇빛을 반사하는 눈이다. 눈은 밤마다 먼 세계의 것인 양 부드러운 반사광을 내뿜었다.

산 중턱과 낮은 등성이들은 빈번히 층층이 쌓인 눈에 덮인다. 늦여름 산에서 녹은 계곡물이 평지로 쏟아질 때면 나무들은 그제야 가지에 쌓인 무거운 눈을 흔든다. 작은 눈송이들은 깃털처럼 휘날리며 떨어지고, 그렇게 갑자기 차갑게 식은 대기 탓에 산속의 증기는 눈으로 살짝 얼어붙는다.

눈이 내리기 전날, 저녁 무렵이 되면 산의 암벽과 풀숲을 뒤덮었던 짙고 차가운 안개가 서서히 걷혔다. 누런 바위와 푸른 잔디, 깊은 숲, 붉은 관목은 뚜렷이 제빛을 드러낸다. 그리고 이튿날 아침에 일어나면 어김없이 흰 눈은 가장 낮은 산등성이까지 덮어 버린다. 시인들이 '흰 코트'라고 부르듯 눈더미는 찢긴 옷처럼 여기저기 흩어져 있다. 그 틈새로 높은 돌출부들이 삐져나오고, 짙은 빛깔의 바위들은 흰 눈과 강렬하게 대비되어 급경사는 더욱 돋보인다. 깊은 골짜기에도 눈송이가 내려앉아 두껍게 쌓인다. 가파른 벼랑 위에 쌓인 눈송이는 곱게 수를 놓은 듯하다. 깎아지른 절벽 위에서는 눈부신 얼룩무늬를 빚어낸다. 눈으로 채워진 산자락은 멀리서도 아주 뚜렷하다. 튀어나온 바위는 다양한 두께로 덮인 눈에 의해 울퉁불퉁한 돌출부가 두드러진다. 바위가 층층이 높아지는 곳에서 눈은 층마다 뚜렷한 선을 긋는다. 바위 측면에 조금 길게 튀어나온 띠 위에도, 무너진 돌과 흙더미 위에도 쌓인다. 공간 속에 들쑥날쑥한 곳마다 그 토대의 선은 놀랍도록 똑같이 이어진다. 누군가 거인 같은 건축가가 차분히 쌓아 올린 듯하다.

여름날 고산지대에서 잠깐 내리는 눈으로도 산은 베일에 덮인다. 그래서 멀리에서 볼 때는 완전히 백설에 뒤덮인 모습이지만, 가까이에서 보면 마치 자연이 요술을 부린 듯 작은 산의 부분들이 살짝살짝 보인다. 그러나 불쑥 튀어나온 봉우리나 낮은 언덕에서 눈은 금세 사라져버린다. 매일 햇살은 눈 덮인 지역을 봉우리 쪽으로 밀어 올린다. 날씨가 좋은 날이면 산에 쌓인 눈은 몇 시간 만에 싹 녹아내리기도 한다.

눈부신 햇살에 눈이 녹더라도 산 중턱에서 잘려 깊어진 계곡에 내려앉은 백설은 북향 기슭에 여전히 쌓여 있다. 가파른 골짜기에는 풀이 무성하고 바위가 많다. 깊이 파인 곳들은 소규모 눈사태에 의해 차츰 줄어든 웅덩이들이다. 이런 웅덩이에는 계곡물이 조금씩 쓸어내린 흙과 자갈이 섞이고 쌓인다. 이렇게 여름날 며칠 동안 내린 눈은 보기에 좋다. 변화무쌍한 풍경은 재미있는 구경거리다. 잠깐이라도 한눈을 팔면 금세 덧없이 사라져버린다.

눈의 진면목을 마주하고 자연의 일꾼으로서 그 눈을 이해하려면 혹한기를 경험해야 한다. 그때가 오면 만물은 얼음 바늘과 사탕과 솜사탕처럼 얼어붙은 거대한 층들로 덮인다. 산의 빙벽과 산등성이와 산자락은 이제 본래의 모습이 아니다. 두꺼운 눈더미에 파묻혀 들쑥날쑥한 모습을 감추면서 낯선 윤곽을 드러낸다. 삐죽삐죽 이빨 빠진 모양이던 첨봉과 측벽은 고운 물결처럼 펼쳐지고 대담한 굴곡을 가진 능성이를 선보인다. 물이 제 무게로 항상 수평을 유지하듯 눈도 이런 고유한 법칙으로 둥글게 부풀어 오르며 쌓인다. 바람은 눈보라를 일으켜 움푹한 곳부터 채우고 나서, 사방 모서리와 튀어나온 부분을 모두 부드럽게 곡선으로 궁굴린다. 야수처럼 거칠던 산은 완전히 다른 산처럼 변신한다. 장엄하지만 부드럽게 산의 윤곽선을 그려낸다. 온화하고 그윽한 선도 무서운 면이 있다. 여기저기에서 눈은 가파른 절벽과 층층이 쌓인 바위들에 걸치거나 올라타고서 거대하고 눈부신 또 다른 절벽을 이룬다. 완전히 시커먼 절벽과 극도로 대비된다. 북극 해안에서 보듯 검은 암벽을 빙하로 잘라내는 믿기 어려운 장면을 보면서 우리는 공포에 휩싸이기도 한다.

이런 변화에 맞추어 평지도 고산 못지않게 모습이 달라진다. 눈은 사방에서 내려앉으며 구멍을 메우고 웅덩이를 고르게 채워 울퉁불퉁하던 땅을 평탄하게 만든다. 개천과 폭포도 눈에 덮인다. 모든 것이 얼어붙어 거대한 이불보에 덮인 듯하다. 호수도 파묻힌다. 수면의 얼음은 엄청나게 두꺼운 눈에 덮인다. 호수가 도대체 어디인지 알 길이 없을 때도 있다. 조금씩 눈더미가 파인 구덩이 사이로 호수의 수면만 살짝 드러난다. 얼어붙은 호수의 모습은 깊이를 모를 우물처럼 조용하고 시커멓다. 반사도 없다.

거대한 산마루와 깊고 둥근 골짜기 위로 눈은 집채처럼 높이 쌓인다. 소나무 숲도 곳곳에서 절반만 보인다. 부러지지 않고 간신히 버티며 처진 소나무 가지 위에 눈은 무겁게 걸터앉는다. 전체적으로 소나무 가지들은 뭉친 눈송이를 다져 올린 크고 작은 둥근 지붕들처럼 이어진다. 여기에 반발해 삐친 가지들도 있다. 이것들은 얼음의 감옥을 뚫고 나와 거의 시커멓게 보이는 푸른 비늘 같은 잎에 눈덩이를 매달고 있다. 바람이 불면 나뭇가지에서 얼어붙은 눈 덩어리가 쇳소리를 내며 쪼개져 떨어진다. 그 진동은 깊은 숲속으로 울려 퍼지고, 둥근 지붕의 얼음 기왓장을 뒤흔든다.

때때로 파열도 일어난다. 내부에서 눈사태가 일어나 텅 빈 웅덩이가 생기고, 새로운 바람이 눈이 쌓여 만들어진 다리 밑으로 몰아친다. 여름에는 여행자가 울창한 나무 그늘 밑으로 풀밭을 밟고 말 짱하게 지나던 길이었지만, 겨울 숲에서 길을 잃으면 어떻게 될까? 발을 내디딜 때마다 눈더미에 덮인 나락으로 떨어질 만큼 위험하지 않을까?

산 아래 골짜기 마을에 자리한 집들도 숲과 덤불만큼이나 알아 보기 어렵다. 완전히 서까래가 휘어질 듯 눈에 덮인 지붕들은 주변 의 눈밭과 구별하기 어렵다. 푸르스름하게 피어오르는 연기 덕분에 흰 베일 밑에서 사람이 살고 있음을 알 수 있다. 긴 벽과 종탑만 단 조로움을 깨고 돋보일 뿐이다. 마을에 내리는 눈은 먼 무인지대보다 더욱 심하게 소용돌이치며 바리케이트처럼 높이 쌓인다. 자연이 혼 란스러운 곳은 반드시 사람이 근처에 살고 있다는 뜻이다. 산 쪽에 서는 눈이 거의 모든 것을 깨끗이 덮는다. 이런 곳은 평화롭다. 산과 계곡을 지배하는 죽음 같은 침묵을 깨는 소음은 잘 들리지 않는다.

그런데 산골 주민과 짐승도 누추한 주거에서 나와 자연의 느긋 한 휴식을 방해하기도 한다. 눈밭 깊숙한 구멍 속에 숨은 마르모트 만 몇 달 동안 겨울잠을 즐기며 죽은 듯 봄을 기다린다. 냇물과 풀과 꽃밭을 마음대로 뛰어다닌 날을 기다린다. 마르모트만큼 팔자가 좋 지는 않지만, 산양은 눈에 쫓겨 산꼭대기로 올라갔다가 숲 근처를 배회하면서 우거진 나무들 사이에서 은신처를 찾는다. 산양은 나뭇잎과 껍질로 연명한다.

　사람들은 물물교환을 하고 식량을 구입하며, 가족과 친구의 경사에 참석하러 집을 나서야 한다. 그때마다 집 앞에 쌓인 눈을 치우고 힘겹게 오솔길을 뚫는다. 나는 산등성이의 높은 오두막에서 그 사람들을 만난 적이 있다. 시커멓고 꾀죄죄한 사람들이 익숙한 몸놀림으로 눈더미 사이로 길을 내고 있었다. 인간이라는 존재가 그렇게 작아 보인 적은 처음이었다. 드넓은 흰 눈밭 사이로 오가는 모습이 길을 잃고 정신없이 악몽에 취한 것 같았다. 어떻게 그토록 작은 인간들이 역사의 대업을 이루고, 진보에 진보를 거듭했을까 몹시 궁금했다. 오늘날 문명이라고 하는 진보를, 자유와 행복의 미래에 대한 약속을!

　겨울의 웅장한 눈더미 속에서도 인간은 지혜롭고 대담하게 거래할 길을 트고, 자유롭게 자기가 만든 물건을 발송하고 멀리 장삿길에 오르기도 하다니! 낙타는 이제 더는 봉우리를 넘나들지 않는다. 여름 내내 봉우리 너머로 날아다니던 수많은 새떼는 평지로 내려갔다. 하지만 인간은 이 협곡 저 협곡을 뚫고 능선의 틈새를 돌파해 산을 넘나든다. 날씨가 좋은 계절 동안, 길가에 계곡물이 흘러

넘칠 때, 마차들은 방울 소리를 울리면서 높은 고갯길도 쉽게 넘는다.[17] 그러나 눈이라도 내려 길이 막히면, 마차를 바꿔야 한다. 수레와 마차 대신, 다져진 눈길을 가볍게 미끄러지는 썰매를 탄다. 한 해의 가장 더운 날들 못지않게 소통은 원활하다. 내리막길에서 어지럽게 빨리 달린다.

썰매를 타고 산길을 오르내리는 사람들이 큰 눈이 내린 동안 어떻게 할지 방법을 가르쳐준다. 썰매의 가벼운 날은 소리 없이 눈길을 탄다. 썰매의 날은 지면의 저항을 받지 않는다. 마치 허공을 떠도는 영혼처럼 미끄러진다. 골짜기의 굽잇길을 돌고 산등성이를 넘는다. 웅덩이 바닥부터 절벽 모서리를 타기도 한다. 다양한 산의 모습은 온통 하얗지만 눈의 표면을 밝히는 햇살에 수많은 다이아몬드가 반짝이는 것만 같다. 잿빛 하늘은 한층 낮아 보이고, 모든 것들이 서로 녹아든 듯하다. 구름과 눈은 구별하기 어렵다. 우리는 무한공간을 부유한다고 느낀다. 더는 지상에 있는 것이 아니다.

그런데 고갯마루를 넘어 반대쪽 내리막을 무서운 속도로 달리기 시작하면 정말로 꿈나라에 들어선 기분이다. 썰매 행렬에서 마지

---

17 막대한 비용을 들여 닦은 길이다.

막으로 맨 끝의 썰매가 출발하려 할 때 선두는 벌써 멀찌감치 사라져 보이지도 않는다. 잠깐 다시 나타났다가 금세 사라진다. 썰매는 마치 동산처럼 큰 눈더미들이 구르는 아찔한 심연 속으로 빠져든다. 눈사태도 계속 겹치고 폭풍에 날려가듯, 계곡과 등성이들이 바로 옆으로 스쳐 지나간다. 지평선 멀리 보이는 산마루도 환상적인 소용돌이에 말려든 듯 무섭게 헐떡이며 뛰어오른다.

숨 가쁘게 달려 산 밑으로 내려오면, 이미 눈이 녹거나 희미한 잔설만 흩어진 곳에서 다른 공기를 마시면서 또 다른 기후의 자연과 마주친다. 그러면 그동안 내가 환각에 취한 노리개가 되었던 것이 아닌가 싶다. 정말로 우리가 깊은 눈 속을 달려왔는지, 구름과 폭풍 지역을 돌파했는지……. 위험한 눈길을 정신없이 달리는 날에는 무슨 일이 벌어졌는지 기억마저 희미해 얼떨떨하기 마련이다. 끝없이 불어대는 눈보라가 길을 막는다. 가뜩이나 무서운 길은 더욱 무시무시해진다.

썰매는 단단한 땅을 어찌나 잘 골라 내딛는지 모른다. 물렁하게 요동치는 눈더미를 헤쳐 지날 때도 가슴팍까지 눈더미에 파묻히더라도 쌓여 다져진 바닥을 힘껏 뒷발로 딛고 빠져나온다. 귓가에 폭풍이 윙윙대고, 얼어붙은 눈발이 눈과 콧구멍 속으로 들이치고, 마부의 사나운 고함에 흥분하고 미칠 듯 날뛴다. 썰매는 좁은 길을 요란하게 질주한다. 산길의 기슭 쪽과 벼랑 쪽을 아슬아슬하게 오가는데 벼랑 밑은 천길 낭떠러지다. 더 아래쪽은 또 다른 세상이다. 마부는 채찍을 놓고 단도만 쥐고, 말들이 놀라서 눈더미에 깊이 빠지면 허리를 찔러 온힘을 다해 끌어낸다.

썰매도 없이 불행하게 눈길을 걸어야 하는 사람은 딱하기 짝이 없다. 천천히 눈길을 헤쳐 나가다가 펄쩍 놀라기 일쑤다. 산 밑 사람들이 포근한 날씨에 감탄할 때도 산꼭대기에서는 돌풍이 분화구로 치솟는 화염처럼 몰아친다. 얼어붙은 눈발이 돌풍에 떠밀려 구름처럼 뭉쳐 산마루 위에서 회오리친다. 어지러운 눈보라에 가려 능선은 겨우 공중에 떠 있는 듯이 모습을 드러낸다. 산은 거대한 구름 위에 붕 떠 있다.

산꼭대기에서 어마어마한 폭풍이 소용돌이치며 불어대면 가엾은 여행자는 어떻게 될까? 폭풍은 서릿발처럼 돋은 얼음 조각을 화살처럼 퍼붓는다. 얼굴을 때리고 눈을 멀게 할 수도 있다. 옷 틈으로도 파고든다. 두꺼운 외투를 뒤집어쓸 뿐 뾰족한 방어수단이 없다.

발길을 잘못 딛거나 표시를 착각했거나 산길마저 벗어나 길을 잃기 십상이다.

푹푹 빠지는 눈더미를 밟으며 헛걸음을 친다. 넘어지기도 하면서 절반쯤 눈더미가 쌓인 깊은 구덩이에 빠지기도 한다. 그 속에 갇혀 한동안 죽음을 기다리기라도 하듯 꼼짝 못하다가 절망적으로 기를 쓰고 기어 나와 다시 눈으로 다져진 험한 길을 걸어야 한다. 돌풍은 눈조차 뜨기 어렵게 계속 휘몰아친다. 온통 흰 눈보라만 앞을 가리고, 좌우로 이따금 '무심히' 내려다보이는 구름 걷힌 산봉우리만 눈에 띈다. 되돌아갈 이정표를 찾아봐야 헛수고다. 앞도 보이지 않고 미칠 듯 불안하고 추위에 몸이 굳은 채 결국 의지마저 잃는다. 이리저리 제자리를 맴돌고 절규하고 헤매다가 결국 눈구덩이에 빠져 폭풍이나 황당하게 바라보면서 완전히 탈진한 몸은 엄습하는 졸음에 시달린다. 죽음의 전주곡이다. 눈이 몇 달 동안 녹아 눈사태를 씻어내리면 개들이 시신을 찾아내고 짖어대며 주인을 부를 것이다.

옛날에는 목동이 시신을 찾아내면 바로 그 자리에 묻고 장례를 치렀다. 돌무덤이다. 지나가는 사람마다 돌을 더 얹어 세월이 갈수록 묘는 높이 쌓아지곤 했다. 요즘 산행하는 사람도 옛 무덤 곁을 지날 때 절대로 돌을 잊지 않고 얹는다. 오래전에 잊힌 죽음이다. 언제까지나 누군지 모른 채 그렇게 묻혀 있는 무덤이다. 그러나 수 세기 동안 산길을 지나는 사람들은 항상 그들의 넋을 기렸다.

온통 희고 눈부신 눈에 덮인 겨울 풍경. 〈위키 커먼스〉의 자료, 작자 미상.

산사태

길고 고달픈 겨울이 지나면 마침내 포근한 봄이 온다. 비가 내리고 훈풍이 분다. 다시 포근해진다. 모든 것이 회춘을 맞는다. 산도 들도 새로운 모습이다. 산은 눈 덮인 외투를 털어낸다. 풀과 숲, 폭포와 호수에 다시 햇빛이 반짝인다.

골짜기 사람들은 거추장스러운 눈부터 치운다. 집 문간에서 시작해 지붕과 텃밭까지 어지간히 눈을 쓸어내고 나서 나머지 부분은 햇살에 차분히 녹아내리도록 내버려 둔다. 볕이 먼저 다가가는 산의 사면과 비탈에서는 이미 눈이 녹기 시작했다. 여기저기에서 흙과 바위와 잔디가 눈더미 사이에서 다시 고개를 든다. 그러면서 차츰 시커먼 공간이 더 넓어진다. 조금씩 커지다가 하나가 되는 섬들처럼 하얀 눈에 덮였던 공간은 크기도 수도 줄어든다. 높은 쪽으로 올라가면서 녹아내린다. 나무와 숲은 겨울잠에서 깨어나 얼굴을 씻고 봄 화장을 시작한다. 나뭇가지 사이로 날아다니는 작은 새들이 돌아다니며 눈과 서리를 털어내면 나무와 숲은 포근한 대기 속에서 마음껏 새싹을 틔운다.

개울도 다시 기지개를 켠다. 눈에 덮였던 대지의 온도는 찬바람에 시달리던 바깥에 비해 크게 떨어지지 않았다. 항아리에 한 방울 두 방울씩 받아둔 물처럼, 긴 겨울 동안에도 작은 샘들이 얼음 밑 여기저기에 숨 쉬고 있었다. 봄이 되자 사방에서 녹아내린 가느다란 물줄기가 작은 옹달샘으로 흘러들어 넘친다. 샘물은 얼음장을 깨고 나와 눈 밑으로 길을 찾아 파고든다. 작은 골짜기마다 눌린 땅속에서 이런 은밀한 작업이 벌어진다. 골짜기 개울은 더 높은 곳에서 내려온 물을 받아 겨울의 한기에 가로막혔던 달리기를 재개한다. 처음에는 덮인 눈더미 밑으로 터널을 뚫는다. 이어서 물의 양을 불리며 개울 밑바닥을 확장하고 천정을 둥글게 높인다. 그러다가 지붕처럼 쌓인 눈이 더는 무게를 버티지 못하고, 기둥이 흔들리는 신전처럼 폭삭 무너진다. 이렇게 눈더미 사이로 물줄기들이 터져 나와 계곡의 개울 바닥을 채운다. 웅덩이 주변을 들여다보면 그 밑에서 무엇인가 시커멓게 조금 거품을 일으키는 것이 보인다. 도랑이다. 무너진 눈더미 사이 어둠 속에서 조약돌들이 주절댄다.

눈더미가 점점 더 여러 곳에서 녹아내리면서 금세 도랑과 개울로 불어나 두껍게 쌓인 눈더미의 둑을 뒤집고 허문다. 둑 가운데 몇 주 몇 달을 더 버티는 것도 있다. 세차게 흐르는 개울 주변에서도 얼음에 덮인 눈더미는 완강하게 버틴다. 절대 녹지 않겠다고 고집을 피운다고 할까. 거센 격랑에도 겨우내 물의 흐름을 막았던 얼어붙은 눈더미는 끄덕하지 않는다.

산자락에서 길게 갈라지며 뻗은 골짜기마다 도랑과 계곡의 물은 개울 바닥을 다지고, 그 옆구리를 파내면서 산기슭에 쌓인 눈을 싣고 내려온다. 물은 가속도가 붙어 엄청나게 불어난다. 산은 마치 살아 있는 짐승처럼 어깨에 두르고 있던 눈의 외투를 벗어 던진다.

혹한기에도 눈더미는 제 무게를 못 견뎌 산마루와 산비탈에서 무너지곤 한다. 빈번한 눈사태는 사실 눈의 피상적 움직임일 뿐이어서 산에서는 아주 사소한 사건에 지나지 않는다. 하지만 높은 데서 거대한 눈더미가 떨어진다면 계곡이 크게 다친다. 먼저 녹아내린 물이 아직 얼음에 덮인 층을 통과하면 땅이 미끄러워진다. 눈사태를 초래할 길을 트는 것이다. 결국 눈 덮인 지역은 비탈에서 버티지 못하는 갑작스러운 순간에 직면한다. 무게를 감당하지 못하고 이웃의 눈더미까지 흔들어댄다. 눈더미가 한꺼번에 산비탈을 따라 미끄러지면서 길을 가로막는 모든 나뭇둥걸과 암석 덩어리를 쓸어내린다. 주변 대기층의 연무까지 끌어들이고 먼 숲까지 뒤집으면서 엄청난 붕괴로 이어진다. 단숨에 수백 미터에 달하는 산의 한쪽 사면 전체를 무너뜨리고 골짜기를 완전히 덮어버린다. 급습당한 개울은 잠시 호수가 된다.

어마어마한 눈사태에 산사람과 여행자들은 질겁한다. 수많은 골짜기에서 특히 다른 곳보다 더 활짝 트인 곳은 '소름 끼치는 골짜기', '치 떨리는 목' 같은 토착지명이 붙었다. 나도 이런 곳을 한 군데 알고 있다. 노새꾼들이 항상 눈을 부릅뜨고 위를 쳐다보며 건너는 곳이다. 특히 화창한 봄날 따스한 공기에 아지랑이가 녹아들 때, 여행자들은 서로 말없이 걱정스레 쳐다보기만 한다. 공기와 땅바닥이 떨리기 시작할 때 산사태가 일어나는 것은 시간문제일 뿐이다. 그래서 여행자들은 극히 조심하며 도둑처럼 재빠르게 걷는다. 노새 목에 걸린 방울(요령)까지 밀짚으로 틀어막는다. 쇳소리를 울리는 방울이 높은 산속 무서운 산신령을 자극할까 노심초사한다! 그렇게 산의 좁은 통로 여러 곳에서 동시에 눈사태가 쏟아질지 모를 겁나는 골짜기를 무사히 빠져나온 사람들은 한숨을 돌린다. 전날 앞길에서 불행을 겪은 사람들의 이야기를 수군대면서 안도한다.

종종 여행자들은 평지까지 조용히 내려오지만, 더러는 이 바위 저 바위에서 굉음과 우레가 터져 갑자기 뒤를 돌아다보면 방금 빠져나왔던 곳에서 눈사태가 쏟아져 협곡 바닥을 채운 놀라운 풍경을 마주치기도 한다. 다행히 벼랑의 위치와 모양을 보면서 산 사람들은 위험한 곳을 미리 알아챈다. 눈더미가 쌓인 절벽 아랫길로 절대 들어가지 않고, 산길을 따라갈 때 안전한 통로를 확보하려 애쓴다. 그러나 자연에서는 모든 것이 돌변한다. 전에 아무 걱정도 없던 집들과 오솔길들이 위험에 처하고 만다. 산기슭 앞으로 튀어나온 언덕이 사라지고 눈사태가 지나간 방향을 틀고, 숲을 막아주던 변두리 부락은 눈의 압력에 굴복하기도 한다. 산골 사람의 식량을 모조리 쓸어가 버릴 수도 있다.

마땅한 방어 수단이 없을 때 마을을 둘러싼 무성한 나무는 산사태의 압박을 버티는 최상의 방책이다. 그래서 산골 사람들은 숲을 존중하고 경배한다! 산골을 찾아간 사람들은 나무들이 아름다워 숲에 감탄하고, 흰 눈과 푸른 잎의 대조에 감탄한다. 하지만 주민들은 그것에 생명과 안전을 의지한다. 산골 사람들은 숲 덕분에 밤사이에 흙더미에 묻힐 것 걱정 없이 편안히 잠을 청한다. 자신들을 지켜주는 숲인데 어찌 신성하지 않을까? 이런 나무와 숲에서 도끼질을 하는 자는 천벌을 받을 텐데! 전해지는 말도 있지 않은가.

"신성한 나무를 죽이는 자는 산골 사람을 죽이는 자."

아쉽지만 몰지각한 나무꾼은 수없이 많다. 요즘도 이른바 '깨쳤다는' 병사들이 오아시스에 사는 부족에게는 생명수인 야자나무를 베어 버리라고 강요한다. 그뿐인가, 산골 주민의 수를 줄이려고, 영주들에게 매수된 침입자들, 심지어 이웃 계곡의 목동들까지 가세해 마을을 지켜주는 나무들을 베어낸다. 전쟁 때도 마찬가지다. 탐욕스러운 투기가 벌어져도 마찬가지다. 돈을 주고 사들였거나 유산이나 정복으로 신성한 숲의 주인이 바뀌면 숲의 운명은 임자의 마음 먹기에 달렸다. 나무꾼이 숲에서 일을 시작하면 금세 통나무들이 쓰러져 골짜기로 굴러떨어진다. 나무와 숲은 판자로 쪼개져 돈이 된다.

눈사태가 닥치면 큰길도 뚫리고 만다. 산사태를 막을 둑이나 옹벽이 없는 골짜기 주민들조차 위협을 받으면 고향 집에 대한 사랑으로 저항하지만, 곧 위험을 감지하고 서둘러 고향을 떠나야 한다. 집은 눈더미의 먹잇감으로 남겨둔 채 귀중품만 챙기고……

산촌에서는 저녁마다 무섭던 산사태 이야기를 한다. 아이들은 어머니의 무릎에 기대앉아 귀를 기울인다. 광부가 갱 속의 가스를 무서워하듯, 산골 사람은 산사태를 무서워한다. 오두막과 곳간과 짐승을 위협하기 때문이다. 자기 자신도 목숨을 잃을 수 있다. 얼마나 많은 친척과 친구가 눈 속에 파묻혔던가! 저녁에 산더미처럼 쌓인 눈더미 곁을 지나면서 산골 사람은 사태를 일으킨 산을 원망스레 올려다보고, 으스스한 그곳에서 멀어지려 발길을 재촉한다. 때때로 쏟아져 내려온 눈사태의 잔해를 보면 친구의 절망적 호소를 듣는 듯하다.

어느 해 봄날 밤, 가장 큰 전나무 숲과 마을의 종탑보다 더 높았던 뒷산이 무너졌다. 산사태가 산촌의 오두막과 곳간들을 깔아뭉갰다. 서까래 밑의 주민들을 덮쳤다. 이웃 사람들이 달려왔고 산골 사람들은 힘을 합쳐 거대한 눈더미를 치우려고 혼신의 힘을 다했다. 나흘 밤낮을 치운 끝에 곡괭이 끄트머리에 첫 번째 오두막집 지붕이 걸렸다. 환호성이 들렸다. 죽은 줄 알았던 사람들의 목소리였다. 집은 거센 충격을 이겨냈다. 다행히 공기가 넉넉히 통했다. 눈더미에 갇혀 있으면서도 사람들은 탈출구를 찾아 집집마다 서로 굴을 뚫어 소통했다. 서로 격려하고 함께 노래하며 굴을 뚫었다.

수호신 같던 숲이 사라지면 재건은 매우 어렵다. 나무들은 더디 자라는 데다가 산중에서는 훨씬 더디다. 산사태가 지나간 자리에서는 아무것도 자라지 못한다. 물론 눈이 비탈을 따라 내려오지 못하도록 높은 방벽을 만들어 마을을 덮치는 재앙을 예방할 수 있다. 비탈에 수평 방책을 세워 거대한 계단처럼 눈이 쌓이도록 할 수도 있다. 눈더미가 높은 곳에서 미끄러지지 않도록 말뚝을 박고 방책을 설치하기도 한다. 꽤 성공했던 대비책이었다. 하지만 주민이 많고 부유한 산골에서나 할 수 있는 일이다. 사회의 지원이 없는 한, 가난한 산촌 사람들은 산을 깎고 계단을 쌓을 엄두를 내지 못한다. 무너져 내리는 눈더미를 저지할 석축이라도 쌓아 올려 그 힘을 빼는 수밖에 없다.

산을 파괴하는 것들 가운데 산사태의 힘이 가장 세다. 범람하는 물처럼 흙과 바위 조각을 한꺼번에 휩쓸어 버린다. 더구나 눈더미

아래층의 눈은 녹으면서 무거운 힘으로 더욱 깊은 골과 웅덩이를 파면서 토양을 진흙으로 바꾸어놓는다. 흙은 땅속 깊은 곳까지 물처럼 유연하게 흘러내린다. 흙탕물은 긴 비탈을 따라 내려와 오솔길을 트고, 바윗덩어리들을 흩어놓고, 숲과 집까지 쓸어버린다. 산 전체의 사면은 눈에 젖어 덩어리째 밭과 숲과 주민과 함께 미끄러져 내린다. 물은 땅속으로 녹아들어 고이는 식으로 눈 덩어리가 차츰 산전체를 무너뜨리기도 한다. 봄이 되면 산골짜기마다 이런 파괴가 벌어진다. 폭포와 사태와 눈과 바위와 물이 모두 뒤섞인 채 산꼭대기에서 밑으로 밑으로 길을 트며 내려온다.

필립 자크 드 루테르부르(Philippe-Jacques de Loutherbourg)의 〈산사태〉, 1803년 작품.

빙하

심지어 후끈한 바람이 부는 한여름일지라도 높은 산간에서는 깊은 계곡의 눈더미 탓에 여전히 이상하도록 추운 겨울 날씨가 이어진다. 사실 빛이 찬란하고 힘차게 빛날 때 직사광선과 얼음의 복사열은 산행하는 사람에게 몹시 부담스럽다. 골짜기보다 더욱 덥게 느껴지는 탓이다. 얼음 표면에서 끊임없이 습기를 빨아들여 공기가 건조해졌기 때문이다. 주변에서는 나뭇잎 사이로 새들의 노랫소리가 들린다. 꽃들은 풀밭을 풍성하게 수놓고, 월귤 잎새 아래 붉은 열매도 무르익는다. 그런데 그 활기찬 세계의 한구석에 침울하고 얼음 같은 세계가 도사리고 있다. 크게 쪼개져 벌어진 빙하의 틈, 즉 크레바스는 무서운 침묵으로 삶 곁에 존재하는 죽음처럼 꼼짝하지 않는다.

그런데 빙하는 거대한 얼음덩이지만 움직임이 아예 없는 것은 아니다. 느리지만 무적의 힘으로 바람과 구름, 비와 조류처럼 움직이면서 지구의 표면을 새로운 모습으로 바꾼다. 빙하가 지질이 바뀌는 기나긴 시대를 거치는 동안 고장의 모습도 달라진다. 산사태처럼 빙하도 산에서 무너져 내리면서 평지로 자리를 옮기기도 한다. 산사태에 비하면 난폭하지 않고 매번 끈기 있게 해내는 작업이다.

빙하의 움직임은 몹시 은밀해서 파악하기 어렵다. 그 결과도 엄청나다. 산 정상의 눈에 덮인 층부터 시작한다. 높은 곳에서 폭풍에 휘둘려 구름이 뭉치며 일으키는 거대한 윤무는 흰 첨봉을 감싸는데, 넓게 퍼진 만년설은 한 치의 변함 없이 한결같다. 수많은 세기를 거듭한 세월에도 항상 하얗다. 구름 그림자는 뿌옇고 햇빛을 받으면 눈부시게 희다. 영원해 보인다. 평지 사람들은 구름이 하늘에 떠 있을 때 유난히 반짝인다고 본다. 영원히 고봉 위에 걸쳐 있고 휘몰아치는 바람 속에 들썩이다가도 다시 제자리를 찾는다고 생각한다.

그러나 이런 것은 별것도 아니다. 구름은 일부 증발해 내려왔던 곳으로 다시 돌아간다. 빙하의 또 다른 부분, 햇빛을 받는 쪽에서 또는 남쪽의 더운 바람의 영향을 받는 쪽에서 방울방울 녹아내리다가 다시 한파에 얼어붙어 알아보기 어려운 덩어리로 뭉친다. 이런 식으로 수많은 요소가 녹았다가 뭉쳤다가 또 녹고 뭉치기를 반복하면서 거대한 빙하는 서서히 움직인다. 빙하는 천천히 변하면서 이동한다. 애당초 몇 밀리미터 녹은 사소한 물방울 때문에 자기 무게로 미끄러지다가 차츰 산마루에 쌓였던 눈이 사면을 타고 내려온다. 그러면 다른 눈더미가 그 자리를 차지하고 다시 무너지기를 반복한다. 물론 겉으로는 크게 달라진 모습을 보이지 않는다. 사실 너무 오래 걸리는 일이다. 바다로 굴러떨어질 때까지 어마어마한 세월이 걸린다. 먼 아래쪽 땅에서 사람들이 두 세대를 사는 동안 산꼭대기에 쌓인 눈송이는 여전히 빙하 덩어리로 붙어 있다.

눈송이는 매우 오랜 시간이 걸리지만 결국 알갱이로 얼어붙는다. 더욱 고르게 굳은 얼음 덩어리는 그 무게로 산의 계곡을 압박한다. 겉보기에 빙하는 여전히 꿈쩍 않지만 사실상 바위 밑으로 강처럼 흐르는 것이다. 좌우 사면에 겨우내 내린 눈은 완전히 녹고 풀꽃으로 덮인다. 곤충은 제 세상을 만나 초원을 누빈다. 날씨는 포근하고, 사람들은 가축을 몰고 풀이 무성한 비탈로 향한다. 목동은 멀리 얼음장을 신고 굽이치는 물줄기가 내려다보이는 곳까지 올라간다. 물줄기는 평야로 계속 흘러간다. 계곡 속의 온도가 포근하고 훈풍이 불고 햇살에 돌출된 빙하가 녹지 않더라도 산기슭에 넓게 퍼진 농촌까지 내려가 바다로 흘러든다.

얼음장으로 굳은 강은 마치 진짜 담수처럼 흐른다. 구부러지고 거꾸로 흐르기도 한다. 가늘고 굵어지며, '잔잔히 머물다가' 급류와 폭포로 쏟아진다. 강물이 바닥 지형에 따라 불어나고 줄어들기도 하듯, 빙하도 자신을 둘러싼 골짜기의 크기에 적응한다. 바위에 정확히 몸을 맞추거나 절벽이 여기저기 떨어진 넓은 분지에서 또 거의 막힌 듯한 통로에서도 가장 높은 만년설에서 끊임없이 대주는 거대한 덩어리들에 떠밀려 빙하는 항상 밑으로 미끄러져 내려온다. 벼랑 자체는 거의 계속 쏟아져 내린다는 느낌을 주지 않는다.

빙하는 물처럼 유체가 아니다. 단단하기 때문에 땅의 성질에 따른 움직임이 모두 거칠고 서투르다. 얼어붙은 폭포에서 빙하는 흐르는 물처럼 하나의 층을 이루지 못한다. 얼음의 결정과 바닥의 불규칙함에 따라 계속 깨지고 갈라지며 다양한 덩어리로 쪼개진다. 서로 올라타고 겹쳐 무너지고 이상하게 비스듬히 다시 엉겨 붙기도 하면서 환상적인 탑처럼 쌓이기도 한다.

빙하의 표면은 바닥이 비교적 고른 층으로 경사를 이루는 곳에서도 강물의 고른 수면과 전혀 다르다. 강물이 기슭에 주름처럼 물결을 일으키는 모습과도 다르다. 그저 크레바스처럼 텅 빈 구멍들을 내며 부서진다.

겨울은 물론 산 아랫마을에 봄기운이 뚜렷이 찾아왔을 때도 눈에 덮인 채 겹겹이 쌓인 얼음장 밑에는 수많은 크레바스가 숨어 있다. 그래서 얼어붙은 눈밭이 햇살에 완전히 녹아내리지 않았을 때, 깊은 구덩이의 입구가 보인다. 하지만 깊은 산속에 동굴을 알아보기 어렵듯 산행하는 사람은 모를 수 있다. 여름에 겉눈이 녹아내리면, 빙하는 진저리치듯 덩어리로 쪼개지면서 지붕처럼 덮인 눈을 흔들어댄다. 그러면 사방에서 눈의 지붕들이 무너져 크레바스 속으로 떨어진다. 대들보 같은 것만 남기고 완전히 꺼져버려 눈을 다지고 나서야 크레바스를 건널 수 있다. 수없이 갈라진 빙하를 건너기가 가장 위험하다. 크레바스 구덩이 속에서 파란 얼음이 쌓인 것도 보인다. 잔설이 얼어붙은 것이다. 간혹 덩어리 전체가 흰 빙하는 크리스털처럼 보이기도 한다.

샘들은 얼마나 깊을까? 알 수 없다. 튀어나온 얼음덩어리에 가려 바위 밑바닥을 들여다보기 어렵다. 물론 심연에서 울리는 수수께끼 같은 소리가 들리기도 한다. 조약돌 사이로 얼음장을 깨트리며 흘러내리는 물소리다.

탐험가들은 이런 깊은 구덩이 속으로 내려가 깊이를 측정하고 빙하의 구성과 온도를 연구한다. 쪼개진 바위 틈새로 내려가 안전하게 조사할 수도 있다. 광부처럼 밧줄을 타고 내려갈 때도 있다.

그러나 철저한 준비를 하고 빙하 속으로 샘을 찾아 들어갔다가 빠져나오지 못한 학자들이 있었다. 이들을 찾아 들어갔던 목동들이 실종되거나 죽음을 맞기도 했다. 깊은 크레바스 속에 빠졌던 산골 사람들 가운데 몇몇은 어둠 속에서 길을 잃고 피투성이로 죽기도 했다. 물론 용기를 잃지 않고 살아나온 사람들도 있다. 거대한 빙하의 지붕 밑으로 흐르는 물을 따라 나온 사람들이다. 오랜 기간 이런 식으로 빙하 깊은 곳에 느리게 물길이 생겼다. 이제 지하의 용암을 탐사하러 들어갈 일만 남았다.

빙하의 침식과 공기 방울과 얼음 결정체를 연구하러 깊은 빙하 속으로 내려가는 학자들의 용기는 정말 감탄할 만하다. 하지만 우리가 차분히 관찰하고 주목한다면 표면 현상만으로도 놀랄 만한 부분과 법칙을 무궁무진하게 알아낼 수 있다.

사실 혼돈에 싸인 듯해도 모든 것은 법칙을 따른다. 빙하의 흙벽은 왜 항상 갈라져 쪼개질까? 크레바스는 왜 높아질수록 넓어지다가 다시 둘레가 좁아지면서 무너질까? 왜 빙하의 표면은 주기적으로 불룩해지다가 금이 가고 터질까? 주름과 잔물결, 소용돌이와 평평하게 퍼져나가는 개울물 등 현상들을 지켜보면 그 모양새는 무한하지만, 그 안에서 자연의 모든 것을 지배하는 통일성을 알 수 있다.

우리는 오랜 탐사 끝에 빙하의 겉과 깊은 속의 모든 미세한 변화를 알 수 있었다. 그 덕분에 지금은 여름날에도 즐겁게 빙하에서 하이킹을 즐긴다. 빙하는 햇빛으로 움직이고 소리를 낸다. 녹은 물은 눈에 잘 띄지 않고 실핏줄처럼 여기저기 퍼져나간다. 그러다가 반짝이는 개울이 되어 빙하 밑으로 흐른다. 갑자기 가벼운 쇳소리를 내면서 갈라진 빙하 틈으로 사라지기도 한다. 기온의 변화에 맞춰 불어나거나 줄어든다. 구름이 해를 가리면서 기온이 떨어지면 물흐름도 뜸해진다. 하지만 햇볕이 따뜻하면 격랑으로 흘러내린다. 모래와 자갈을 실어내려 둑과 섬을 쌓아 올린다. 저녁에는 다시 조용히, 밤의 한기에 얼어붙는다.

광채를 받아 잠시 빙하의 거죽이 걸쭉할 때, 부근의 측벽에서 떨어진 작은 조약돌도 꿈틀댄다. 졸졸 흐르는 개울가에 붙은 비스듬한 조약돌 층이 일부 무너져내려 크레바스 속으로 떨어진다. 부서진 작은 자갈들(쇄석)은 빙하에 넓게 퍼진다. 자갈은 햇빛에 온기를 띠고 위를 덮은 얼음에 수없이 많은 작은 원통형 구멍을 낸다. 조금 떨어진 곳에서는 굵은 돌멩이들이 넓게 쌓여 햇빛을 가로막는다. 주변의 얼음은 녹아 증발한다. 돌더미는 마치 자라나는 기둥다발처럼 치솟는다. 하지만 각각의 기둥이라고 할 돌더미는 너무 약해 바탕부터 무너진다. 이렇게 돌멩이는 집적과 붕괴를 반복한다. 이 같은 무생물의 작은 드라마에 동식물이 어울릴 때면 얼마나 매력적인지 모른다. 따스한 햇살을 타고 나비가 날아들고, 높은 바위에서 굴러떨어진 식물은 잠시 쉬면서 뿌리를 내리고 꽃부리를 펼친다. 극지 연안의 뱃사람들은 아래는 얼음, 위는 흙으로 쌓인 높은 절벽이 온통 이불처럼 푸른 식물에 뒤덮인 풍경을 바라본다.

알프스 자스퍼 마을 위쪽 골짜기의 빙하, 슈네글리(Schnaeggli), 2006년.

빙퇴석과 급류

매일 반복되는 작은 움직임이 지구 전체의 역사에서는 별것 아닌 것처럼 보일지 모른다. 실제로 빙하는 여름에 무슨 일을 할까? 빙하 덩어리가 줄기차게 전진하려 애쓴다고 해봐야 겨우 몇 센티미터 이동한다. 움직이는 얼음 밭(유빙) 위로 떨어지는 절벽의 바윗덩어리도 한두 덩이다. 이럴 때 빙하를 둘러싼 물줄기는 넓게 퍼지고, 바닥에 깔렸던 조약돌은 요란하게 부딪치며 구른다. 모두 익숙하게 진행되는 일이다. 자연현상 가운데 이렇게 천천히 새로워지는 곳도 없다.

아무튼 매일 매 순간마다 일어나는 아주 작은 변화들로 지구 전체가 크게 달라진다. 지질의 혁명이 일어나는 것이다. 빙산에서 떨어진 바위와 자갈로 거대한 석축이 쌓인다. 빙산을 타고 천천히 움직인다. 그러나 같은 계곡에서 무너진 또 다른 잔해가 그렇게 바윗돌이 떨어져 나간 자리를 채운다. 되는대로 쌓인 돌더미가 빙하를 뒤따른다. 얼음으로 뒤덮인 강에 산사태로 골짜기가 패일 때마다 빙산에서 떨어진 돌들이 합류한다.

빙하는 날씨가 좀 더 온화한 지역에 이르러 가장 높은 지대에 닿으면 더는 얼음을 유지하지 못한다. 물로 녹고 함께 얼어붙어 있던 돌들도 떨어져 나간다. 이렇게 녹은 모든 것이 골짜기에 제멋대로 둑처럼 쌓인다. 수많은 빙하 끝에서 무른 경사면을 굴러내려 산이 솟는다. 오랜 세월 눈이 내리고 나서 빙하는 불어나고 길어진다. 그러면 빙하는 빙산을 다시 조금 더 먼 계곡으로 밀어낸다. 나중에 날씨가 더 포근해지면 빙하는 속에서부터 녹아 밑에서 바위가 떠받치던 자리가 텅 빈다. 빙퇴석[18] 덩어리들은 떠밀리던 압력에서 벗어나 빙하에서 상당한 거리를 두고 떨어져 안착한다. 빙퇴석 뒤쪽은 엄청난 압력을 받던 돌들이 모습을 드러낸다. 부서진 자갈과 조약돌에서 나온 불그스레한 진흙에 덮인 부분이다. 그 밖의 잔해로 뭉친 빙퇴석은 차츰 빙하의 벼랑 끝으로 몰린다.

---

18 빙퇴석(氷堆石)은 빙하에 실려 떠내려온 퇴적 토사다.

그렇게! 골짜기 입구로부터 까마득히 먼 곳에서도 과거 빙하가 움직였던 자취를 찾을 수 있다. 아득한 옛날 물로 채워졌던 평지는 점차 빙하에 실려 내려온 진흙과 조약돌로 메꾸어졌다. 강가에 자리 했던 산과 동산의 튀어나온 자락들은 매끄럽게 깎였다. 부서진 바윗 돌과 빙퇴석은 또 다른 고원의 산기슭처럼 먼 곳에 쌓였다. 돌을 이루는 화학성분과 그 화석과 결정체를 보면 그 돌들이 어디에서 왔는지 알 수 있다. 돌의 특성이 뚜렷해서 정확히 산봉우리가 어느 덩어리에서 떨어져 나온 것인지 확인할 수도 있다. 산봉우리가 떨어져 나오는 데 얼마나 오랜 시간이 걸렸을까? 바위를 옮기는 현재의 빙하에 비추어보면, 물론 어마어마한 시간이다. 이동한 바위 가운데 학자들 덕에 유명해진 것들도 많다.

머나먼 곳에서 떠내려온 흙덩어리와 평야에 좌초한 돌덩어리 모두 까마득한 옛날 빙하의 자취로 봐도 무관하다. 그 자취를 살피면 지질학적 시대 동안 지구와 지표의 모습이 얼마나 크게 달라졌고, 또 기후가 얼마나 큰 주기로 교대했는지 짐작할 수 있다. 퇴적물에서 과거가 드러나면 가까운 산과 이웃 산들이 지금보다 훨씬 더 높았던 것을 알게 된다. 가장 높은 산봉우리는 구름보다 높았다. 허공을 떠다니던 증기는 거대한 산기슭에 얼어붙어 쌓였다. 지금은 숲으로 우거진 기슭과 둥근 골짜기의 초원과 푸른 계곡은 온통 얼음에 덮여 있었다. 계곡에서 호수와 폭포, 개울과 풀밭은 없었다. 지금 산의 기반만큼 두껍게 얼어붙은 강은 모든 낮은 땅을 채우고 있었고, 계곡을 통해 동산과 작은 골짜기들을 넘어 멀리 평야로 이어졌다. 우리 조상들의 시대, 얼음에 덮인 산의 모습은 그러했다. 물론 머나먼 미래에 또 바뀔 것이다. 빙하가 모두 녹아 개울로 채워지지 않을까? 산 자체도 없어질지 모른다. 땅바닥이 조금 들썩이기만 해도 평야가 하늘 높이 치솟을 날이 오지 않을까!

산과 빙하의 역사에 비추어 미래를 생각해보자. 빙하를 푸르게 덮으며 흐르던 작은 개울이 세계로 나아가면 얼마나 대지가 새로워질지! 부서진 바위에서 나온 수많은 분자가 섞여 젖빛을 띤 물은 녹아버린 빙하일 뿐이다. 그런데 크레바스와 동굴, 산더미와 진흙 비탈을 이루던 빙하는 꽃들 사이로 졸졸 굽이치며 흐르며 신나게 치솟는 물과 얼마나 딴판인가! 얼어붙은 빙하 밑의 어두운 굴에서 떨어지는 수많은 물방울을 받아 몸집을 불리면서 길을 내며 갑자기 나타나는 계곡물은 얼마나 놀라운가? 물이 흘러나온 동굴은 얼음이 녹아떨어지면서 매일 모양이 변한다. 동굴은 꽤 길어서 안으로 들어갈 수 있다. 반투명한 벽면과 삼각박공과 변화무쌍하고 푸르스름한 빛에 입을 다물기 어렵다. 낯설고 몽롱한 광경이라 신성한 곳이라 믿을 만하다. 갠지스 강의 발원지[19]를 찾아갔던 인도 순례자는 신성한 샘이 솟구치는 어두운 굴속으로 감히 들어가지 못하고 외쳤다.

"무한한 축복일세!"

계속 쪼개지는 빙하에서 녹아내린 급류는 기름진 흙을 평야로 실어나른다. 계절에 따라 차이가 있지만, 매우 규칙적으로 운반한다. 온대지방의 추운 계절에(프랑스처럼) 시골에서 비가 자주 내리면 빗물은 증발하지 못하고 강으로 흘러들지만, 빙하는 굳게 얼어붙어 사방에서 얼음동굴을 만들어낸다. 얼음동굴 밑으로 작은 개울만 흐른다. 개울물은 완전히 말라붙기도 한다. 산 아래로는 한 방울도 흘러내리지 못한다. 그러나 날씨가 풀리고 초목이 잎과 꽃을 피우려고 물을 달라고 성화를 부릴 때이거나 아지랑이가 요란하게 피어나고

---

19 인도의 고무크(Gaumukh). 빙하의 샘이다. 지금도 성스러운 순례지다.

강의 수위가 낮아질 무렵이면, 빙하에서 녹은 계곡물이 불어나 잠시 큰 물줄기로 쏟아져 내리면서 밭의 갈증을 풀어준다.

이렇게 빙하의 물줄기는 일부나마 고장의 번영에 요긴하게 작용한다. 빗물에 불어난 개천들이 넘쳐흐르면 산의 급류는 그다지 불어나지 않는다. 반대로 다른 강들이 말라붙을 때는 빙하의 물줄기에 의해 크게 불어난다. 균형이 잡히는 것이다. 개울들이 합쳐지는 큰 강에서 수급이 일정하게 맞춰진다.

지구 전체의 경제에서 빙하는 꿈쩍 않고 항상 굼뜨고 힘도 쓰지 못하는 듯하지만, 사실 중요한 조정자 노릇을 한다. 빙하가 자연 속에서 뜻밖의 혼란을 초래하는 법은 드물다. 예외가 없지는 않다. 비스듬하던 빙하가 거대한 잔해의 둑을 밀어내거나 빙하에서 먼저 녹아내린 급류를 가로질러 전진할 때, 물을 불려 계속 커지는 호수로 변한다. 둑은 오랫동안 빙하의 압박을 버터지만, 막대한 양으로 눈이 녹아내린 빙하 물에 패인 부분이나 빙벽이 천천히 뒤로 밀리면 얼음 둑과 높이 쌓였던 돌더미가 갑자기 무너지기도 한다. 그때 호수는 무시무시하게 터져 버린다. 돌과 얼음덩어리와 호숫가에 섞여 있던 모든 잔해와 뒤섞인 물이 아래쪽 골짜기로 격렬하게 쏟아진다.

다리들을 날려버리고, 방앗간을 부수고, 기슭의 집들을 쓸어버리면서, 저지대의 나무들을 가로채 미친 듯 떠내려간다. 어마어마한 쟁기질을 하듯 초원 전체를 뿌리째 뒤집어엎는다. 대홍수의 혼란 때처럼 범람에 휩쓸린 골짜기에서 재앙은 끔찍하다. 여러 세대에서 비슷한 이야기가 전해졌다.

하지만 이런 사건은 극히 드물다. 문명 지역에서는 거의 벌어질 일도 없을 것이다. 산사태와 눈사태에 대비해 주민들은 서서히 움직이며 압박하는 빙하와 바위 둑 뒤에 고인 호숫물을 지하수로로 빼내어 위험에 대비하기 때문이다. 위험을 덜어내면 빙하는 주변 지역에 유익하다. 철마다 물을 대주면서 가뭄 걱정을 덜어주고, 비옥한 새 흙을 보내줄 테니까. 빙하는 사실 호수라고 할 수 있다. 거대한 담수의 바다 같은 것이다. 산 중턱에 떠 있는 호수로서 천천히 흘러넘치면서 스스로 조절한다. 아래쪽의 모든 산촌을 홍수로 덮을 만한 수량을 담고 있지만, 신중하게 나누어 내려보낸다. 결국 죽음처럼 서늘한 빙하 덩어리는 지구의 생명과 풍요에 훌륭하게 이바지한다.

인도 강고트리(Gangotri)의 고무크는 갠지스 강의 발원지다, 2009년.

숲과 풀밭

녹아내린 빙설은 여름 내내 계곡과 개울에 물을 불린다. 그러면 산과 아래쪽 드넓은 곳까지 푸른 식물로 뒤덮인다. 산의 품 안에는 숲과 풀밭과 이끼 같은 야생식물이 자랄 만큼 수분이 넉넉하다. 게다가 더 많은 평지 식물을 먹여 살릴 만큼이나 풍부하다. 산은 밑에서 올려다보면 그저 푸르지만, 그 속에 엄청나게 다양한 것을 품고 다채로운 대조를 보인다. 높낮이와 바닥의 굴곡과 비탈의 경사, 풍부한 물과 여기저기 쌓인 눈……. 이런 환경에서 식물이 탄생한다.

만물이 소생하는 봄, 흰 눈 위로 다시 돋아나는 풀과 잎사귀를 보면 정말 기쁘다. 잔디 줄기는 다시 숨 쉬고 빛을 본다. 그렇게 석회를 덮은 누런 빛깔을 벗어던진다. 처음에는 노르스름하다가 새파란 빛을 보인다. 초원에는 꽃들이 넘쳐난다. 미나리과 풀, 아네모네, 앵초가 다발로 피어난다. 더 멀리 푸른 덤불은 뿌리부터 꽃부리까지 전체가 꽃인 우아한 백수선화 또는 자홍빛 사프란에 덮인다. 개울가에서는 물매화가 세련된 꽃을 피운다. 여기저기 희거나 빨강, 노랑, 파랑의 작은 꽃들이 거대하게 무리 지어 한꺼번에 피어난다. 일찌감치 활짝 펼쳐진 푸른 풀밭에 밀려 백설은 높은 산마루로 쫓겨난다.

나무들도 금세 축제를 벌인다. 산의 맨 아래쪽 기슭에서 겨울눈이 걷히면 몇 주 뒤부터 열매가 또 다른 눈송이처럼 흰 꽃송이에 덮인다. 조금 높은 쪽에서 밤나무, 너도밤나무와 여러 가지 관목이 푸른 잎에 덮인다. 하루가 다르게 산은 벨벳으로 엮어 짠 듯 감탄할 옷으로 갈아입는다. 그렇게 야금야금 숲과 덤불의 옅은 초록이 산 위로 퍼진다. 마치 골짜기마다 깊은 얼음구덩이를 정복하려고 사다리를 걸치며 진군하는 듯하다. 가장 높은 곳은 뜻밖의 기쁨에 취해 흰 눈 때문에 시커멓게 보이던 바위들이 작고 푸른 풀포기로 울퉁불퉁 치장한다. 즐거운 봄 잔치에는 물도 빠짐없이 동참한다.

비록 꽃과 푸르름은 산 아래쪽보다 못하지만, 높은 쪽의 풀밭은 더 정겹다. 더욱 부드럽고 친근하다. 풀잎은 성가시게 발길에 걸리지 않는다. 무수한 덤불 사이로 피어난 꽃들도 쉽게 알아볼 수 있는 것들이다. 꽃받침은 비할 데 없이 두드러진다. 광채는 더욱 강렬하고 화학작용은 훨씬 더 빠르고 힘차다. 햇빛은 수액의 색소를 짙게 풀어놓는다. 이런 현상은 확대경으로 들여다보아도 쉽게 확인하기 어렵다. 그러나 굳이 확대경을 들고 다니지 않더라도 어느 소박한 산책자든 산 아래 풀밭의 어떤 파란 꽃도 산 위의 작은 용담(龍膽)만큼 짙지 않다는 것을 맨눈으로 알 수 있다. 용담은 재미있게 살아보려고 조급해하는 모습이 아름답다. 그래서 더 짙은 색을 띤다. 즐거운 계절은 짧기만 하기 않던가. 여름이 지나면 사라져야 하니까.

붉은 별 모양의 끈끈이대나물[20] 포도송이처럼 탐스럽고 파란 물망초, 금빛 암술이 박힌 성상화 꽃들이 쫙 깔린 알프스 산록의 거대한 풀밭 모두 눈부시다. 거친 암벽 틈새의 메마른 비탈에는 바닐라 향을 풍기는 흑란과 꽃이 절대 시들지 않아 변함없는 영원의 상징 사자발(에델바이스의 일종)이 자란다.

찬란하게 꽃피는 앵초는 빙설을 조금도 겁내지 않는다. 추위를 조금도 타지 않는다. 앵초는 수정 같은 만년설 주변에서 섬세한 몸

---

20 장구채라고도 한다.

속으로 자유롭게 수액을 퍼트려 눈 위로 꽃부리를 곱게 기울인다. 햇빛이 반짝일 때 발을 얼음 속에 담근 채 머리는 물 위에 떠 있어 마치 오아시스의 야자수 같다.

눈에서 녹아내리는 뽀얀 급류는 방금 녹은 아이스크림 같다. 그 물줄기는 끊임없이 가지를 떠는 꽃다발처럼 작은 섬을 감싸며 갈라진다. 햇살을 가리는 바위 그림자 속의 눈밭에도 알록달록한 꽃들이 가득하다. 꽃들은 포근한 체온으로 주변의 눈을 녹인다. 마치 꽃들이 푸르스름한 그늘 속에서 크리스털 술잔처럼 솟아올랐다고 할까. 이런 꽃들보다 예민한 꽃들은 감히 굳은 얼음을 건드리지 못하고 부드러운 눈더미로 자신을 감싼다. 붉은 패랭이꽃은 눈더미 위에 올라앉는다. 흰 거위털 방석 한복판에 놓인 푸른 벨벳 위에 루비를 얹은 것 같다.

숲은 산비탈을 따라 풀밭과 교대로 반복된다. 우연한 반복은 아니다. 비탈에는 큰 나무들이 자란다. 그만큼 땅속 깊숙이 두터운 식물층이 있고 물이 넉넉하다. 숲과 풀밭의 교대 덕에 우리는 멀리에서도 산의 비밀을 엿볼 수 있다. 최소한 사람이 나무들을 거칠게 벌목해 산을 황폐하게 만들지 않는지 감시할 수 있다.

부자가 되려는 사람들이 모든 나무를 잘라내는 지역에는 나무 밑동조차 남지 않는다. 그래서 겨울에 거침없는 눈사태가 일어난다. 암반이 드러날 만큼 땅바닥을 납작하게 깎아내린다. 그런 식으로 뿌리에 붙은 것까지 쓸어버린다.

옛날의 숭배는 거의 사라졌다. 옛말에 나무꾼은 산속의 숲을 무서워하며 들어갔다. 그곳에서 부는 바람은 신들의 목소리였다. 초자연의 존재들이 숲의 거죽 속에 숨어 있었다. 나무 수액은 곧 신의 피였다. 나무꾼은 떨면서 나무 둥지에 도끼질했다.

이탈리아 아펜니노 산의 나무꾼은 이런 말을 했다.

"네가 신이라면, 여신이라면, 용서해다오."

그러면서 기도문을 외웠다. 하지만 이렇게 빌었다고 안심했을까?

나무꾼은 도끼를 휘두르면서 머리 위로 가지들이 흔들리는 것을 보았다. 꺼칠한 나무껍질은 무섭게 노려보며 화내는 듯했다. 첫 번째 도끼질을 내리친 축축한 나무는 님프의 피부처럼 보였다.

"신부님께서 허락하셨지만, 여신께서는 뭐라고 하실까? 도끼가 반대로 튀어 내 몸을 찍으면 어쩌지?"

지금도 나무꾼이 숭상하는 나무들이 있다. 나무꾼은 왜 그런지 모르면서도 묵묵히 따르곤 한다. 주민들이 숭배하는 참나무에 울타리를 치고, 짐승과 부랑배로부터 보호한다. 옛날부터 브르타뉴 지방에서는 사람이 죽게 생겼는데 이웃에서 신부님을 찾지 못하면 나무 밑에서 고해성사를 했다. 그러면 나뭇가지가 알아듣고 죽어가는 사람의 마지막 기도를 하늘에 전하며 몸을 떨었다.

옛 추억을 간직한 고목들이 곳곳에서 숭배받지만, 숲은 이제 더는 성스럽고 두려운 존재가 아니다. 벌목꾼들은 옛사람들이 나무를 하지 않을 때도 둘러놓던 낙석방지용 울타리를 더는 세우지 않는다. 나무를 베어 내다 팔면 그만이다. 지금도 많은 숲이 여전히 원시림이다. 벌목하기 어려울 만큼 깊은 숲이다. 그러나 길이 뚫리면 사정은 달라진다. 산비탈이 미끄럼판처럼 얼어붙을 때 수백 미터 아래로 나무 둥지를 굴려 내리거나, 골짜기의 급류가 왕창 불어나 기계톱으로 자른 나무를 뗏목처럼 평지까지 떠내려 보낼 수 있을 때, 숲은 벌목꾼의 공격을 받아 큰 위기를 맞는다. 벌목꾼들이 조심스레 벌목하는 기지를 발휘한다면, 이듬해를 위해 항상 나무 밑동을 남겨두어 숲이 생산력을 잃지 않게 한다면, 새로운 소득을 기약할 수 있다. 하지만 벌목꾼들은 미친 듯 단숨에 숲의 모든 나무를 베어낸다. 분명 저주받아 마땅한 일이 아닐까?

아직 산기슭에 남은 아름다운 숲을 보면 울창하던 숲을 앗아간 난폭한 투기꾼들을 한심하게 생각하지 않을 도리가 없다. 평야 옆 낮은 산기슭에 자리한 밤나무들은 농부가 짐승들에게 먹이려고 거둬놓은 잎과 겨울 저녁에 먹는 열매 덕에 간신히 살아남았다.

아주 다양한 나무 집단이 뒤섞인 열대지방의 숲도 밤나무만큼 다채로운 모습은 아니다. 밤나무 주변 풀밭에서는 잡초덤불이 자라지 못한다. 덕분에 늘어진 밤나무 가지 사이로 늘 시원시원한 전망을 볼 수 있다. 푸른 나뭇가지가 둥근 지붕처럼 이어지고, 그 사이로 햇살이 쏟아진다. 흔들리는 잎사귀를 따라 짙은 그림자와 노르스름하고 옅은 광채가 움직인다. 풀밭을 덮은 이끼와 지의류도 덧없는 빛과 그림자에 부드러움을 더한다. 물론 외따로 서 있든, 서너 그루씩 뭉쳐 서 있든 밤나무의 모양 자체는 제각각이다. 거의 모든 나무가 껍질과 가지가 좌우로 비틀린 모양이다.

줄기와 가지가 고르게 뻗은 것이 있는가 하면, 이상하게 혹이 불고, 꼬이고, 잎이 뭉치고 기이한 사마귀 같은 것이 돋은 것도 있다. 몸통이 거대한 고목은 폭풍우에 큰 가지들이 떨어져 나갔는데도 창처럼 뾰족하고 작은 잔가지들이 붙어 있다. 멀쩡한 나뭇가지가 서로 붙은 것들도 있다. 하지만 고목은 속살이 썩어간다. 오랜 세월 나무 몸통에 깊은 굴과 홈이 파였다(느티나무 속에 수백 년 된 뱀이 살기도 한다). 몸통은 사라지고 거대한 가지만 위로 뻗어 그 무게를 견디면서 판자처럼 덜렁 붙어 있는 것도 있다.

땅바닥 여기저기에 사라졌던 나무의 굵은 밑동이 눈에 띄기도 한다. 그 등걸 부근에서 특이한 밤나무가 자라는 것이다. 과거에는 거대한 다발기둥처럼 하나였지만 따로 떨어져 가늘고 나약한 줄기로 굳어버리기도 한다. 이렇게 숲은 다양하기 그지없다. 잘 자란 나무들, 준수하고 장엄한 나무들 곁에 꿈과 동화에 나오는 괴물 같은 나무들이 모여 있다!

너도밤나무는 밤나무만큼 다양하지 않다. 그렇지만 너도밤나무도 숲과 꽤 잘 어울린다. 너도밤나무는 기둥처럼 곧게 뻗고, 굵은 몸통이 길게 갈라져, 멀리서도 쉽게 알아볼 수 있다. 너도밤나무의 껍질과 이끼는 매끄럽게 반짝인다. 밑동 쪽만 푸른 이끼에 덮인다. 작고 무성한 나뭇잎은 나무 아래쪽을 장식한다. 바닥에서 15미터쯤부터 가지가 넓게 뻗어 나가 다른 나뭇가지들과 함께 궁륭을 이룬다. 그 사이로 햇살이 줄무늬를 그리며 풀밭을 영롱하게 비춘다. 너도밤나무 숲은 엄숙해 보여도 마음을 끈다. 잎사귀에서 반짝이는 부드럽고 푸른 광채로 대로를 채우고 그림자로 잿빛 그늘을 드리운다. 너무 밝지도 어둡지도 않은 빛이다. 그 은은한 빛만으로도 거목들 밑에 사는 모든 것이 눈에 띈다. 벌레들이 기어 다니고 작은 꽃송이들이 흔들리며, 밤송이와 이끼는 뿌리와 땅바닥을 덮는다. 그런데 나무에 붙은 희거나 금빛 지의류 식물은 햇빛과 뒤섞이곤 한다. 덕분에 철마다 너도밤나무 숲의 모습은 달라진다. 가을이 오면 잎은 불그스름한 적갈색을 주조로 여러 빛깔을 띤다. 그러다가 이내 시들어 떨어진다. 낙엽은 잔잔한 바람에도 부스스 떨어져 켜켜이 쌓인다. 헐벗은 가지 사이로 빛과 눈과 안개가 마냥 드나든다. 봄까지 나무는 침울하게 서 있을 것이다. 눈이 녹은 옆구리에서 첫 꽃망울이 터질 때까지, 불그스름한 새싹이 오로라의 광채처럼 모든 가지에 퍼질 때까지…….

전나무도 너도밤나무처럼 산기슭에서 높이 자란다. 그러나 더 어둡고 무서운 숲을 이룬다. 무시무시한 비밀을 간직한 듯하다. 가지에서 음험한 소문을 퍼트리고, 먼 곳까지 물결처럼 중얼거림을 퍼트린다. 나무 꼭대기의 크고 작은 가지들에서 정말로 수군거리는 소리가 요란하다. 아래쪽은 조용하다. 썰렁할 정도로 꿈쩍 않는다. 가지들에 붙은 잎은 검다. 그렇게 시커먼 잎은 바닥에 닿을 만큼 처진다. 어두운 전나무 가지 사이로 지나려면 으스스하다. 겨울날 굵은 가지들에 눈이 쌓여도 전나무는 끄덕하지 않고 눈가루나 잔디에 떨어뜨린다. 의지력이 대단하다. 전나무들은 일념으로 뭉친 듯해 더 강해 보인다.

높은 산으로 떼 지어 오르는 전나무는 점점 더 차가운 환경에서 자신을 지키려고 싸운다. 껍질은 우툴두툴해지고, 몸통은 비틀리고, 가지의 마디가 늘어나고, 잎은 줄어들지만 질기다. 폭풍한설을 서로에게 의지해 버틴다. 전나무는 혼자 떨어져 있으면 죽는다. 숲으로 뭉쳐야 산다. 그러나 산꼭대기에서 함께 방패막이처럼 서 있던 전나무들이 후퇴하면 곁에 있던 나무들은 폭풍에 흔들리다 쓰러진다. 숲은 군대 같다. 나무들은 병사처럼 줄지어 최전선에 나선다. 한두 그루 전방에 서 있는 튼튼한 전나무만 최후의 승자로 보인다. 이런 전나무는 바위에 뿌리박거나 뭉텅이로 진을 치고, 두꺼운 껍질과 마디를 방패로 두른다. 전나무는 폭풍에도 꼿꼿이 버틴다. 여기저기에서 깃털 장식 같은 나뭇잎을 당당히 나부낀다.

영웅처럼 홀로 떨어진 봉우리에 올라선 채 그 아래쪽의 넓은 계곡을 지배하는 전나무 숲을 본 적이 있다. 뿌리 내릴 땅이 별로 깊지 않다. 그래서 뿌리는 멀리 떨어진 바위까지 붙들고 있다. 뱀처럼 구불대며 하나의 몸통 밑에 집결해 산 전체를 장악하려는 모양이다. 강인한 전나무 가지들은 바람에 몹시 비틀렸다. 하지만 가지들은 겹치고 또 겹치면서 폭풍을 버텨냈다.

폭풍우를 최전방에서 맞는 전나무 숲보다 더 위쪽에서 또 다른 나무들이 자란다. 하지만 높이 자라지 못하는 수종이다. 바닥을 기고 아슬아슬하게 굴곡을 타고 넘으면서 바람과 추위를 피한다. 높이 못 자라지는 대신 옆으로 퍼진다. 뿌리와 마찬가지로 구불구불한 가지들이 제 가지 위로 타고 올라 희미한 온기를 받는다. 겨울밤에 몸을 덥히려고 서로 몸을 비비는 양 떼 같다. 작은 키로 폭풍을 피하고 웅크린 몸짓으로 추위를 피하는 노간주나무들은 살아남는다.[21] 노간주나무들은 가장 험한 암벽에서 전나무들보다 몇백 미터 더 높은

---

21   노간주나무 열매는 증류주 '진'의 독특한 향의 재료.

눈 덮인 봉우리로 기어오른다.

알프스의 장미와 관목은 고산지대에 모여 산다. 줄기들이 서로 밀집해 원추나 원뿔 모양을 이루기 때문이다. 둥근 모양 덕에 바람에 시달리지 않는다. 바람을 스쳐 보낸다. 그러나 더 높은 곳의 추위는 견디지 못한다. 바닥에 쌓인 이끼와 바위에 붙어사는 지의류에 밀려 쫓겨난다. 돌에서 나와 돌로 돌아가는 식물에게 자리를 내준다.

노간주나무는 높은 산봉우리에서도 찾아볼 수 있다.
〈위키 커먼스〉의 자료, 작자 미상.

산짐승

숲, 덤불, 잔디, 이끼가 풍부한 산에 동물은 많지 않아 보인다. 풀밭에 소와 염소 떼가 없다면 텅 빈 곳으로 보일 만하다. 멀리 푸른 초원에서 붉거나 흰 점들처럼 나타나고, 언제나 눈을 부릅뜬 개들이 바위 쪽으로 접근하지 못하도록 이리 뛰고 저리 뛰지 않는다면 그럴 만하다. 짐승들은 봄마다 평지에서 잠시 산으로 떼 지어 올라간다. 그러다가 겨울에 돌아간다. 물론 깊은 골짜기 낙엽송 아래 피할 만한 오두막이 있으면 내려가지 않는다.

산비탈을 오르면서 마주치는 가장 어린놈들은 풀잎 사이로 미끄러지며 훌쩍 오솔길을 가로지르는 곤충들이다. 눈부시고 검은 '에

레부스(암흑의 신)' 나비를 비롯해 꽃들 위로 날아다니는 살아 있는 꽃 '아폴로 나비' 등. 곳곳의 돌 틈에서 뱀과 도마뱀이 허물을 벗는다. 숲은 적막하다. 새들이나 간간이 지저귄다.

산은 평원에 솟은 자연의 요새다. 요새 속으로 손님을 불러들인다. 뻔뻔한 도둑질로 먹이를 잡아먹는데 익숙한 짐승들이 높은 망루에서 지평선을 내려다보면서 달려들 먹잇감을 기다린다. 줄곧 은신처를 찾는 도망자를 기다린다.

인간은 특이하게 비열하다. 산짐승 가운데 다른 짐승을 잡아먹는 짐승들에 감탄하며 찬양한다. 그런 짐승들을 왕으로 떠받들면서 수많은 자연사 책을 그 전설과 신화로 채웠다. 우선 지상의 모든 군주가 상징으로 삼았던 독수리 같은 맹금류만 봐도 그렇다. 군주들은 독수리 몸통에 두 개의 머리를 붙여 상징으로 삼았다. 군주들 자신이 주둥이 두 개로 집어삼키고 싶어 하는 것과 다름없다. 독수리는 분명 사람이 접근하기 어려운 바위에 의젓하게 앉아 있을 때 멋지다. 조용히 허공을 절대군주처럼 날아다닐 때 더더욱 멋지다. 하지만 그래서 뭐 어쨌다는 말인가. 왕은 독수리를 예찬한다. 하지만 목동은 독수리를 미워한다. 독수리는 가축의 적이므로 목동은 독수리와 죽도록 싸운다. 조만간 모든 독수리와 수염수리, 수리 종은 박물

관에서나 볼 수 있게 될 것이다. 이미 많은 산에서 독수리 둥지 하나 나 찾아볼까 싶을 정도다. 있다고 해도 털이 다 빠진 늙고 외로운 놈 뿐이다. 거동도 못하고 기생충에 감염된 꼴사나운 놈뿐이다.

곰도 양을 잡아먹는다. 조만간 목동은 야생 곰까지 전멸시키고 말 것이다. 곰은 뼈를 씹을 만큼 힘이 무시무시하다. 하지만 왕들은 좋아하지 않는다. 왕의 가문(家紋)에 곰 이미지는 어울리지 않는다 고 생각한다. 반대로 민중은 곰의 성격을 소중히 여긴다. 사냥꾼조 차 곰 앞에서는 점잖은 방어 자세를 취한다. 시베리아 서부의 오스 탸크(Ostyak) 부족은 곰을 잡아 눈밭에 피를 뿌리고 나서 그 앞에 무 릎 꿇고 용서를 빈다.

"하느님 맙소사, 내가 너를 죽였구나! 하지만 배가 고파 어쩔 수 없었어. 식구들도 굶주렸고. 착한 네가 내 죄를 용서해다오……."

곰은 우리에게 신처럼 굴지 않고, 용감하고 솔직하며 착하다! 곰 은 가족의 미덕을 보여준다. 곰은 새끼에게 다정하다. 새끼 곰은 명 랑하고 촐랑대는 장난꾸러기다. 곰은 가부장 풍습을 보인다. 곰은 굴속이나 좁은 이끼에 덮인 큰 우리 속에 모여 산다. 사실 큰 곰이 목동의 양들을 후려치기는 한다. 하지만 평소에는 점잖다. 곰은 나뭇잎과 야생 열매를 뜯어먹고 벌집의 맛을 무척 좋아한다. 심지어 태평하게 골짜기까지 내려가 포도와 배도 따먹는다.

어떤 스위스 박물학자가 말하기를 용감한 곰이 길에서 딸기 바구니를 들고 있던 소녀와 마주쳤을 때, "앞발을 조심스레 바구니에 얹으면서 좀 달라고 부탁했다"고 한다. 곰은 길들여져 사람 일을 도울 때 온순하게 모욕도 참아낸다! 이렇게 착한 짐승을 이제 우리 산에서 볼 수 없게 될 테니 얼마나 안타까운가. 사냥꾼들은 건방지게 곰의 사지를 벌려 곳간 문에 매달아 놓는다. 인간이 곰을 멸종시키고 있다. 차라리 곰을 길들여 우리와 함께 일하면서 살아남도록 해야 하지 않을까?

그런데 늑대는 어떻게 될까? 늑대가 산에서 완전히 사라진다고 누가 아쉬워할까? 비열하고 못된, 피비린내 나는 온갖 만행을 저지르는데! 늑대는 희생된 동물의 살을 뜯고 상처에서 나오는 뜨거운 피를 삼킨다. 모든 동물이 늑대를 미워하고, 늑대도 다른 동물들을 미워한다. 늑대는 약하고 상처 입은 짐승만 공격한다. 굶어 죽게 생겨 광분할 때나 자기보다 강한 짐승에 달려든다. 그렇지만 이미 방어할 수 없는 적이 쓰러지기만 하면 사납게 달려든다! 심지어 늑대가 사냥꾼 총에 쓰러져 숨을 헐떡일 때, 다른 늑대들은 그놈을 덮쳐 고기를 뜯는다. 피에 젖은 로마는 상상할 만한 모든 중죄의 기억을 늑대에게 떠넘겼다. 로마는 수많은 도시와 사람을 쓸어버렸다. 풍요로운 대지를 삭막하게 만들었다. 로마는 비열한 폭력과 무수한 파렴치 만행으로 고대의 왕이 되었다. 모든 죄악을 날조하면서 암늑대를 어머니 수호신으로 삼아 군림했다.[22]

민중은 또 다른 법, 여전히 냉엄한 법의 지배를 받는다. 그러나 로마가 선택한 상징처럼 그렇게 못된 법은 아니다.

산을 아끼는 사람에게는 역겨운 늑대가 대평원의 짐승이라서 다행이었다. 하지만 고향의 숲이 사라지고 사냥꾼이 늘어나자 늑대는 높은 산의 협곡으로 피해 들어갔다. 그곳에서도 늑대는 침입자 노릇을 했다. 늑대는 원래 바위산 비탈을 기어오르는 짐승이 아니다. 늑대는 초원에서 단번에 20킬로미터를 줄달음친다. 늑대는 탄력에 넘치는 근육으로 바위들을 뛰어넘어 다니기 좋게 적응했다. 프랑스 산악의 산양이나 영양처럼 진짜 산악동물이 되었다. 늑대는 어

---

22 늑대의 젖을 먹고 자란 로물루스 레무스 형제가 고대 로마의 창건자다.

떤 벼랑도 두려워하지 않고, 어떤 낭떠러지에서도 물러서지 않는다. 늑대는 아찔한 급경사를 몇 걸음에 껑충 뛰어넘는다. 제아무리 노련하고 악착스러운 사람도 감히 뛰어넘지 못하는 곳을 늑대는 단번에 훌쩍 뛰어 올라선다. 자기 발보다 작은 봉우리를 딛고 올라선다. 네발짐승인데 날짐승 같다. 실제로 늑대는 순하고 사회적이다. 별로 어렵지 않게 가축 무리에 섞여 키울 수도 있다. 하지만 늑대는 순하게 자라기보다 죽기 쉽다. 사냥꾼들이 늑대를 잡기 좋아하기 때문이다. 늑대도 머지않아 사라지겠지만, 노예로 사는 것보다 자유롭게 죽은 것이 낫지 않을까?

사방이 눈으로 둘러싸인 높은 바위와 비탈에는 또 다른 동물들이 붙어산다. 산토끼는 주변 땅 색깔과 비슷해 혼동할 만큼 철마다 곱게 털갈이를 한다. 독수리의 눈을 피하려는 변신이다. 겨울에 비탈이 눈에 덮이면 산토끼 털은 솜털 뭉치처럼 희다. 산토끼는 봄에 덤불과 자갈 사이로 눈밭을 건너다닌다. 그럴 때면 잿빛 얼룩무늬 털이 돋는다. 여름에는 뜨겁게 타는 잔디와 돌의 색깔을 띤다. 그다음 갑자기 찾아오는 환절기에 한 번 더 털빛이 달라진다.

마르모트는 산토끼보다 자신을 더욱 잘 보호한다. 마르모트는 겨울을 기온이 항상 똑같은 깊은 땅속에서 난다. 땅에 눈이 두껍게 쌓여도 겨우내 몇 달간 활동을 멈춘다. 꽃향기와 봄빛으로 깊은 겨울잠에서 깨어날 때까지.

항상 깨어있고 어디서나 마주치는 작은 설치동물도 활발하다. 들쥐는 눈밭 밑으로 터널과 통로를 뚫고 산꼭대기까지 올라간다. 차가운 망토를 걸친 들쥐는 땅속에서 별 것 아닌 먹을거리를 찾는다. 놀라운 재주로 찾아낸다!

대지는 이렇게나 풍요롭다. 눈에 덮이는 곳보다 수천 미터 더 높은 곳에서 생존투쟁으로 먹고 먹히는 동물들이 싸운다. 어둠 속에서도 무서운 투쟁은 이어진다. 평원에서 항상 흉측한 광경이 펼쳐지는 것처럼 높은 산의 얼어붙은 땅속에서도 마찬가지다.

종종 먹잇감을 찾는 새는 더욱 높이 날아오르지만, 다른 산기슭으로 멀리 먹잇감을 찾아 날아가는 고달픈 여행을 감당해야 한다. 잠자리와 나비는 따뜻한 햇볕에 취해 미처 밤의 한기를 예상치 못한 채 산꼭대기까지 빛을 향해 높이 날아오른다. 파리를 비롯한 작은 곤충은 회오리바람에 실려 최고봉까지 올라가기도 한다. 그러다가 (얼어 죽어) 먼지에 뒤섞여 눈에 처박힌다. 좋아서든 억지로든 고요한 죽음의 땅으로 들어선 곤충 외에도, 그 지역에는 토박이 곤충이 산다. 주위가 온통 눈에 덮여 적막할 뿐이지만, 곤충들은 공기가 차거나 땅이 얼음장 같다고 여기지 않는다. 여기저기 눈밭 사이로 비죽비죽 솟아오른 바위들은 사막의 오아시스와 마찬가지다. 바위에 낀 이끼 한복판에서 곤충들은 양식을 찾아내며 즐겁게 살아간다. 경이로울 뿐이다.

거미와 나방 같은 벌레도 눈 속에 산다. 이놈들도 배고픔을 안다. 굼뜬 몸짓으로 생존 활동을 벌인다. 차갑게 얼어붙은 땅에서 번데기들은 거의 죽은 듯 오랫동안 잠잔다. 생명은 눈밭 곁에서만 보이는 것은 아니다. 어떤 지역에서는 눈 자체도 살아 있다. 눈 속에 극미동물들이 우글댄다.

저 멀리, 희고 끝없이 펼쳐지는 벌판에서 붉고 누런 얼룩들이 두드러진다. 산골에 사는 사람들은 '썩은 눈'이라고 부른다. 하지만 현미경을 들이대는 과학자들은 수없이 많은 생명체가 득실대는 곳이라고 단언한다. 살며 사랑하고, 번식하고 서로 잡아먹는 생물들의 세계다.

이반 시시킨(Ivan Shishkin)의 〈솔숲의 아침〉, 1889년 작품으로 트레티야코프 미술관 소장.

기후의 변화

산을 오르내리는 사람들은 산의 형태와 생태만 궁금해하지 않는다. 산에 사는 동식물에 관심을 가지고, 그 영역 전체를 알고 싶어 한다, 산기슭의 대표적 생태계 분포와 그 종의 역사까지 알아보려 한다. 하나의 종에서 나온 수많은 생물, 그러니까 풀과 곤충과 포유류의 모든 움직임에 관심을 둔다. 방대한 거처에 사는 모든 개체를 시대 별로 모두 알아보고 싶은 마음이 들기도 한다.

단순한 산행자는 산의 경사면을 따라 위쪽으로 오르면서도 식 물 종이 얼마나 다양한지 알지 못한다. 산 아래 수풀과 첫 번째 기슭 이나 훑어볼 뿐 더 높은 곳의 종들을 주목하지 않는다. 다른 종이 있어도 눈 속에 묻혀 잘 보이지 않을 수 있다. 식물은 추운 봉우리 쪽으로 올라갈수록 계속 변한다. 그러나 눈밭 가까운 오솔길에서 계속 나타나는 산 아래 식물들도 조금씩 다르다. 아래쪽에서 꽃이 떨어질 때, 위쪽에서는 겨우 봉오리만 맺힌다. 밑에서는 여름인데, 위쪽은 아직 봄이다.

어떤 식물이 어디서부터 더는 자라지 못하고, 어떤 식물이 어디서부터 나타나기 시작하는지 경계가 불분명하다. 토양과 기후의 수많은 조건에 따라 종들의 영역이 구별되고, 밀고 당기며 자리바꿈도 한다. 바위가 풍화해 흙이 되고, 진흙이 모래가 되며, 땅이 바뀌면 수많은 식물도 자리를 옮긴다. 물이 땅을 적시거나 땅에 물이 마르거나, 바람이 멋대로 불어대거나 장애에 부딪혀도 식물은 이동한다. 폭풍이 몰려드는 골짜기는 거센 바람에 휩쓸린다. 그래서 나무와 덤불은 얼음벽에 가로막힌 듯 무서운 바람에 숨을 죽이고 더는 퍼지지 못한다.

아무튼 식물은 산의 경사에 따라 다양하다. 깎아지른 절벽에서는 이끼가 겨우 자란다. 가시덤불이나 벼랑에 붙어 힘겹게 살아남는다. 경사가 덜 심해도 사람이 오를 수 없는 곳에서 나무들은 바위를 타고 기어오르며, 갈라진 바위틈에 뿌리를 박는다. 그러나 낮은 구릉에서 나뭇가지들은 다시 뻗고 잎이 자란다. 나무의 수액은 고도에 따라 다르다. 기후 때문에 기반암이 달라 경사도 다른 지역의 산에서 식물은 충충이 이상하게 이어진다. 암석과 식물은 규칙적으로 교대하며 변한다.

식물 분포가 다른 까닭은 주로 일조량의 차이 때문이다. 경사가 엇비슷한 평범한 골짜기에 들어설 때마다, 남과 북을 향한 경사면에 따른 햇빛의 온도 차이로 얼마나 다른 식물이 자라는지 놀랍다. 완벽한 대조도 자주 보인다. 수천 킬로미터 떨어진 지방만큼이나 서로 다르다. 한쪽은 경작지와 과수원과 풍성한 초원이다. 하지만 맞은편은 밭도 정원도 없고, 나무와 풀밭뿐이다. 양쪽 기슭의 숲에 우거진 수종도 다르다. 엷은 빛을 받는 북쪽 고지에는 어두운 가지를 뻗은 전나무 숲이 있다. 그러나 밝고 화창한 남쪽 기슭에는 넓은 과수원처럼 편안하고, 섬세한 초록빛 낙엽송 숲이 있다. 햇빛 아래 활짝 피어나려는 식물과 마찬가지로 사람들도 남향에서 집터를 찾는다. 집들은 남향을 따라 길가에 죽 이어지고, 촌락은 고원의 풀밭에 놓인 바위들처럼 박혀있다. 하지만 맞은편 서늘한 기슭을 보면 작은 집들이 띄엄띄엄 깊은 골짜기에 숨어 있다.

산기슭의 면모와 식생과 기후는 너무나 다양하다. 100여 미터 높이를 오르면 마치 적도에서 50킬로미터쯤 멀어지는 것처럼 다른 식물군이 펼쳐진다. 머리 위로 치솟은 봉우리에는 스칸디나비아의 식물을 닮은 종이 퍼져있다. 더 높이 올라가면 라플란드[23]에 들어서는 것 같다. 더욱 고산지역에서는 스피츠베르겐[24] 섬의 식물을 만난다. 산마다 바닥부터 꼭대기까지 식물들은 대륙과 해양에 퍼진 모든 공간을 압축한 모양새다.

식물학자들은 종종 바위를 넘어 눈밭을 돌파하고, 깊게 갈라진 크레바스를 따라 마침내 텅 빈 고원에 도착했을 때 — 수천 킬로미터 떨어진 머나먼 북쪽 지방의 낙원을 연상시킬 만큼 활짝 핀 식물들로 가득한 곳이다. 인류의 고향이던 그 '동산'처럼! — 감동과 기쁨을 이야기하곤 한다. 《천일야화》처럼 환상적인 이야기가 기적처럼 펼쳐진다고 생각한다. 몇 시간 걸은 것으로 완전히 다른 자연, 새로운 기후대 속으로 들어서다니!

---

23 핀란드와 스웨덴의 북쪽, 순록과 함께 사는 라프족의 땅. 유목민 사미인은 스칸디나비아 북부에서 핀란드 북부, 러시아 연방령 콜라반도에 걸쳐서 거주하는 민족이다.

24 스피츠베르겐(Spitsbergen)은 노르웨이 북단의 열도로 고래 사냥의 기항으로 유명하다. 북극해의 거점 항도이기도 하다. 야생 순록이 살고 있다.

층층이 고루 분포하는 식물도 해마다 잠깐씩 거친 혼란을 겪는다. 얼마 전에 무너져내린 돌더미 한복판을 걷거나 산꼭대기부터 급류에 떠내려온 흙더미를 밟으면서 식물학자는 식물의 분포가 달라진 데 놀라워하며 감동한다. 바윗돌이 높은 곳에서 풀과 씨앗, 뿌리와 줄기를 함께 끌어안고 굴러떨어졌다. 마치 머나먼 별의 운석이 지상에 떨어질 때 함께 묻어오는 다른 많은 자잘한 것들처럼, 산 위에서 굴러내린 바위들도 식물을 새로운 식민지로 운반한다. 풀과 이끼가 원래 맞지도 않는 기후대로 난폭하게 끌려 내려오는 바람에 벌어진 일이라 식물학자는 흥분한다. 식물을 관찰하다 보면 결국 식물을 좋아하게 되고 마니까.

가엾은 미물들은 다른 날씨와 다른 환경, 온도와 습도도 다른 곳에서 살아야 한다는 데 놀라며 새 땅에 적응하려고 애쓸 것이다. 자기 주변을 포위한 토박이 식물의 무리에 맞서려고 버틴다. 하지만 대부분은 서로 부둥켜안고 마치 사방에서 미움받는 난민처럼 이리저리 떠밀리다가 결국 죽고 만다. 토박이의 공격을 받아 차지했던 자리를 내준다. 새 환경에 처한 식물을 연구하는 사람은 옮겨온 식생이 몇 해 못가 차츰 줄어들다가 끝내 완전히 사라지는 것을 목격한다. 사람과 똑같다. 기후가 전혀 다른 곳에서 원주민의 미움을 받으면 이주민도 줄줄이 사라진다.

불규칙한 날씨에도 산허리 식물군의 분포는 꾸준히 유지된다.

지구상에 식물은 왜 이런 식으로 분포할까? 가장 먼 고장의 토종은 왜 가장 높은 산 위로 이주할까? 어떤 씨앗들은 새가 옮긴다. 거센 바람을 타고 이주하기도 한다. 그렇지만 대부분의 씨앗은 새들이 먹지 않는 경우가 많고, 새의 깃털에 붙거나 새가 발로 붙잡기에는 너무 굵고 무겁다. 산에 정착한 한대 식물 가운데 구근도 있다(더운 지방 원산이다), 바람이나 새가 대륙과 대양 너머로 이것들을 운반하기는 어렵다.

따라서 식물은 프랑스의 들과 밭에서 그렇듯 야금야금 퍼져나갔을 것이다. 눈으로 둘러싸인 고지대의 '정원' 같은 작은 식민지들은 저지대에서 천천히 기어올라 정착했다. 그러나 같은 종의 다른 식물들은 반대로 지금 자리 잡고 있는 고지대 극지에서 내려왔다. 과거에 프랑스 시골의 기후는 지금 고산이나 아한대 지역만큼 추웠다. 그러다가 차츰 따뜻해졌다. 거친 한파를 좋아하던 식물은 북쪽이나 더 높은 산으로 떠날 수밖에 없었다.

이렇게 피신한 두 무리를 계속 갈라놓으며 넓어진 중간지역은 이들에 적대적인 종이 차지했다. 두 무리 중 산 위로 올라간 종은 포근해진 날씨만큼 자기 영역이 줄어들었다. 이런 종은 처음에 낮은 곳의 절벽을 차지했다가 이윽고 비탈과 고봉을 차지한 끝에 지금처럼 가장 높은 봉우리까지 올라갔다. 그런데 기후가 우주의 기운에 맞춰 조금 변하면서 또다시 차가워진다면 작은 식물들은 다시 밑으로 내려올 것이다. 그렇게 개선장군처럼 온난한 날씨에서 자라는 종들을 밀어낼 것이다. 거대한 주기로 교대하는 기후에 따라 식물 무리는 지표 위에서 전진과 후퇴를 반복한다. 그러면서 느림보 걸음을 하는 낙오자들을 남겨놓는다. 그래서 낙오한 식물을 보고 우리는 옛날 주력부대의 행로를 찾아낸다.

인간과 동물에게도 식물과 똑같은 현상이 나타난다. 기후가 오락가락하는 동안, 여러 인종과 민족이 기후에 적응하지 못하고 추위나 더위를 피해 천천히 남쪽이나 북쪽으로 이동한다. 그렇지만 아직도 옛날 민족의 이동을 전하는 역사가 없어 안타깝다.[25] 게다가 인간은 대이주를 하면서 항상 자신도 모르는 열정에 사로잡혔다. 자신이

---

25 저자가 이런 아쉬움을 토로한 이후로 고고학과 인류학에서 이 주제를 다룬 역사서가 나왔다.

왜 앞으로 떠밀려 나아가는지 알지도 못한 채 생활근거지를 바꾸며 행진하는 민족이 얼마나 많은가! 별과 불기둥을 따라 이동한 민족들이다. 사람들은 독수리의 항로를 좇거나 들소의 자취를 따라 걸었다는 전설을 남겼다.

기후변화 때문에 별 수 없이 전진하거나 후퇴했던 민족들의 역사와 구전은 별로 남아 있지 않다. 하지만 보통 산중턱에서 사람들이 어떻게 날씨와 환경에 대응했는지는 알 수 있다. 산을 둘러싼 양쪽 기슭의 기후 차이가 크지 않을 때, 산줄기가 북남 방향으로 뻗었을 때라던가 언제나 같은 방향에서 부는 바람이 일정한 습기로 양쪽 기슭을 적신다면 같은 인종이 양쪽 기슭에 널리 퍼진다. 같은 문화와 산업에 종사하며, 같은 풍습을 보인다. 그들을 가로막는 수많은 틈이 있겠지만, 이런 것이 높은 장벽을 이루지는 않는다. 그러나 산맥의 연봉이 줄줄이 북향이며 찬바람을 맞는데, 맞은편은 따뜻한 남쪽 햇살을 받는다면, 또는 한쪽으로 바다 수증기가 몰려드는데, 다른 쪽은 언제나 건조한 골짜기라면 말이 달라진다. 양쪽의 동식물과 인간도 뚜렷이 대비된다.

우리는 능선의 고개, 분수령을 넘을 때마다 새로운 자연과 마주친다. 발걸음마다 새로운 발견이 줄을 잇는 또 다른 세계로 들어선다. 생전 본 적 없는 향긋한 풀 앞에 발길을 멈춘다. 이상한 나비가 눈앞에서 맴돈다. 새로운 동식물 종을 살펴보거나, 자신이 모르던 자연의 전모를 이해하려고 갸우뚱하고 있을 때 목동이 나타난다. 다른 인종이다. 다른 문명인이다. 언어도 다르다.

능선은 기후대를 갈라놓으면서 인종과 민족까지 갈라놓는다. 인종을 난폭하게 뒤섞거나 말살하지 않았던 지구상에서는 어느 고장에서나 계속되는 현상이다. 그런데 난폭한 정복이 벌어진다 해도 산의 능선으로 갈린 주민들의 정상적인 대조는 다시 복원되곤 한다. 이런 사실은 이탈리아의 역사에서 놀랍도록 확연하다! 북쪽과 북서쪽 야만족은 찬란한 이탈리아에 홀딱 반했었다. 프랑스와 독일 사람들은 얼마나 자주 비옥한 이탈리아 땅과 도시들의 보물과 모든 자연의 결실에 홀려 떼거지로 무장하고 알프스로 둥글게 둘러싸인 반도의 평야로 쳐내려 갔던가! 사람들을 학살하고, 도시를 불 질러 파괴하고, 눌러앉아 신도시와 요새를 건설했지만, 원주민은 항상 그들을 딛고 일어섰다. 켈트족과 튜튼족은 알프스 너머로 되돌아갈 수밖에 없었다.[26]

지구 표면에 비해 별로 울퉁불퉁하지 않은 산들은 보통 하루면

---

26 베르첼리 전투는 이탈리아 북서부 알프스 산자락 피에몬테 지방의 베르첼리에서 벌어진 전투였다. 로마의 명장 가이우스 마리우스가 알프스 이북의 튜튼족을 비롯한 연합군에 대승을 거두었다.

넘어설 수 있다. 그렇지만 이런 산들은 여러 민족에게 자연경계로서 지극히 중요했다. 인간 생활에서 산이 장벽 노릇을 했던 것은 길이 부족했기 때문이다. 산이 가파르고, 빙설이 무섭고, 바위가 거칠기 때문이기도 했지만, 산기슭에 살던 다양한 주민의 반목도 중요한 요인이었다.

과거를 보자. 고산과 고원, 사막과 강 등 돌파하기 어려운 장애 때문에 민족들 사이에서 자연의 경계는 곧 정신의 경계였다. 사람들은 마치 동화처럼 보이지도 않는 벽, 증오와 경멸로 다져진 벽을 쌓았다. 산 너머 저편에서 건너온 사람은 낯선 이방인이자 적이었다. 민족끼리 서로 미워했다. 하지만 때때로 목동은 자기 민족보다 훌륭하게 소박하고 다정한 몇 마디로 산 너머 세상을 노래했다. 최소한 목동은 높은 바위산과 설산을 넘어 다닐 줄 알았다. 그는 진심으로 어느 산기슭이든 조국으로 삼았다. 피레네 산에서 전해지는 오래된 노래가 있다. 자연과 민족 간 증오의 전통을 누그러뜨리며 정답게 부르는 노래다.

"산봉우리야 내려오렴. 들아 올라가렴. 사랑이 어디 있는지 보고 싶구나!"

기후의 변화에 의해 북극 지방에서 피어난 야생 양귀비. 작자 미상.

자유로운 산사람

지표면은 산곡(山谷)의 주름이다. 이것은 오랫동안 수많은 민족의 역사에서 중요한 역할을 했다. 민족의 이주와 갈등과 다양한 운명의 원인이었다. 벌레들이 분주히 오가는 초원 한복판에 솟은 작은 두더지 둔덕 하나 때문에 풍경이 바뀌고 다른 많은 부족이 금세 반대쪽으로 발길을 돌리기도 한다.

산은 등을 진 사면마다 각각 자리 잡은 민족들을 거대한 덩어리로 갈라놓기도 하지만, 골짜기로 들어온 사람들을 보호한다. 산은 그들을 주저앉혀 제 식구로서 감싼다. 산골 주민은 산에서 특별한 풍습을 익히고 생활방식과 개성을 굳힌다. 원래 어떤 인종이든 산악 민족은 주변 환경의 영향을 크게 받는다. 힘겹게 벼랑과 비탈을 오르내리고 소박한 식량에 만족하며 겨울의 혹한을 견뎌낸다. 산악 민족은 악천후와 싸우면서 특이한 태도와 사고방식으로 평지 사람들과 다른 몸짓을 보이는 완전한 별종이 된다.

거친 환경 때문에 정서도 달라진다. 환경은 그 영혼 속에도 반영된다. 뱃사람이 거대한 수평선처럼 차분한 것과 마찬가지다. 수많은 곳에서 산악 환경은 자유의 무한한 보물을 안겨준다.

산악부족들이 독립을 유지하는 중요한 원인이 있다. 산악에 살면 반드시 협력하고 협동해야 하기 때문이다. 모두가 각자에게 또 서로에게 모두가 절실한 존재다. 높은 산 풀밭으로 부락의 가축을 몰고 오르는 목동은 부락민 전체의 번영에 헌신한다. 재난이 닥치면 그것을 물리치려 모드 힘을 합친다. 눈사태로 오두막이 파묻히면 모두 함께 눈을 치워야 한다. 가파른 경사지에 층층이 경작한 계단식 밭이 빗물에 무너지면 모두 함께 쓸려 내려간 흙을 퍼 담아 다시 밭을 메운다. 급류가 넘쳐 들판이 돌에 덮이면, 모두가 돌을 들어내고 풀을 살린다. 한겨울 눈길로 다니기 위험할 때도 서로 돕는다. 이웃은 형제로 지낸다. 한 가족이나 다름없다. 공격을 받기라도 하면 일심동체로 저항한다. 그러나 산악부족은 온갖 위험에 맞서 줄기차게 싸우고 투쟁하며 살아갈 뿐만 아니라 맑고 건강한 공기를 마시다 보니 죽음을 두려워하지 않을 만큼 대담해졌다. 산악부족은 태평한 일꾼이지만 공격보다 방어에 능하다.[27]

산은 수호신처럼 적의 침입을 막아주는 수단이다. 협곡의 비좁은 입구로 계곡을 지킨다. 몇 사람만으로도 적의 무리를 일망타진할 수 있다. 고원 깊숙이 기름진 골짜기들을 숨기고 있다. 기어오를 수 없을 만큼 가파른 절벽 위의 고원이다. 서로 통하고 또 숨을 수 있는 동굴들도 있다.

나는 협곡의 벼랑을 종종 찾아가곤 했다. 그곳에 숨은 요새들을 보았다. 울퉁불퉁한 바위를 타고 넘어 바위틈에 뿌리박은 회양목 가지를 붙잡고서야 입구로 올라갔다. 이런 곳을 정복하려면 얼마나 힘겨울까! 동굴 입구에 쌓인 돌더미들은 굴릴 수 있다. 돌은 개울까지 굴러 내려가기도 한다. 입구 양쪽으로 반지르르 곧게 선 바위틈으로는 방울뱀조차 드나들기 어렵다. 바위는 거대한 현관처럼 입구를 보호하고 그 위로 절벽이 솟았다. 어떤 침입자도 접근할 수 없는 동굴

---

27 힌두쿠시산맥의 아프가니스탄 사람들은 대표적 산악 민족이다.

이다. 침입자들은 멀리서 지켜보기나 했을 것이다. 그러나 동굴에서 아무 소리도 들리지 않아, 침입자들이 대담하게 들어갔을 때 지하의 복도는 텅 비어있었다. 동굴에 살던 사람들은 요리조리 이어진 동굴을 빠져나가 덤불 속에 숨은 또 다른 은밀한 동굴로 들어갔다.

산중에 적당한 굴이 없을 때는 홀로 똑바로 서 있는 바위가 요새 노릇을 한다. 바위 밑을 둘러싸고 흐르는 세 방향의 급류에 날카롭게 깎인 바위는 한 쪽 사면으로만 올라갈 수 있다. 바로 여기에서 산악부족은 숨어 망을 본다. 그들은 사람들이 타고 오르지 못하도록 바위를 깎았다. 그 대신 바위 밑으로 드나드는 통로를 뚫었다. 이렇게 둥지를 틀고 들어앉고 입구를 바윗돌로 막았다. 새들만 드나들 수 있다. 완벽한 자연 요새라서 덧붙일 건물은 없다. 산악부족은 벼랑 모서리에 구멍 뚫린 벽을 세워 아이들이 뛰어놀다가 밑으로 떨어지지 않도록 했다. 그런 식으로 높은 테라스에서 내려다보며 산밑을 감시했다. 아시아 지역의 여러 산악 지대에서 많은 사람이 바위굴에 숨어 살았다. 적대하며 사는 민족들이 많은 계곡이었고, 살인을 경범죄쯤으로 여기는 사회였다. 동굴로 올라온 손님은 크게 고함을 질러 도착을 알린다. 그러면 금세 바위 문이 열리고 바구니가 내려온다. 손님은 바구니에 올라탄다. 주인은 위에서 공중에서 빙글대며 흔들리는 무거운 바구니를 천천히 끌어 올린다.

이렇듯 높은 산간의 가파른 바위에서 평화로운 주민들은 외부의 침입을 방어했다. 반면에 평야의 동산들은 망루로서 큰 짐승의 공격을 막았다.

프랑스에서도 많은 산촌에서 얼마 전까지도 전쟁이 그치지 않았다. 산촌은 그때마다 영주와 강도의 공격을 막으려던 건축구조를 보여준다. 경사지에 기대지 않고 고립된 집은 없다. 모든 오두막이 폭풍에 놀란 양 떼처럼 거대한 돌더미처럼 한 덩어리로 뭉쳐 있다. 밑에서 올려다보면 마치 울퉁불퉁한 바위가 짙은 그늘 속에 반짝이며 죽 이어진 듯하다. 현기증 나는 오솔길을 오르내려야 한다. 주민들은 그 길로 매일 아침 밭으로 내려온다. 온종일 일하고 나서 저녁마다 다시 힘겹게 올라가야 한다. 마을로 드나드는 문은 하나뿐이다. 문 옆에 붙은 망루 위에 내리닫는 살문은 또 다른 방어수단이다. 주변의 골짜기를 내다볼 창문도 없다. 몇 개 트인 틈은 과거에 창이나 총포를 걸던 곳이다. 지금도 산악부족의 자손들은 여러 세대 동안 밭으로 내려가 집을 지을 엄두를 내지 못한다. 그럴 수도 있을 텐데, 관습과 폭정에 복종하면서 항상 고대의 감옥 같은 울타리 안에 처박혀 산다.

높은 산골에 사는 사람들은 자유롭다. 그렇지만 침입자가 무사히 들어갈 수 없는 좁은 통로를 제외하면, 불쑥 튀어나온 언덕에나 성주의 튼튼한 성이 서 있다. 그 높은 곳에서 조상 대대로 악행을 저질러온 못된 강도가 귀족 영주를 자처하면서 산 아래 골짜기와 주변의 평지를 감시한다. 강도 같은 성주는 불안하게 고개를 쳐들고 둥지의 새끼들을 지키려고 바위 위에 똬리를 튼 뱀처럼 높은 성채의 망루를 지킨다. 어쨌든 성주는 골짜기 주민들을 감히 공격하지 못하지만, 평야에서 덤벼드는 주민들을 까불지 말라며 겁을 준다.

행인들을 털던 노상강도의 성은 지금은 폐허일 뿐이다. 옛길은 가시덤불에 덮인 돌투성이 오솔길로 변했다. 옛날에 싸움꾼들이 말을 몰아 출정하거나 상인들과 약탈품을 잔뜩 실은 노새들이 오르내리던 길이다. 도개교를 걸던 해자는 돌더미로 메꾸었다. 그 뒤로 바람과 행인의 발걸음에 묻혀온 흙에서 딱총나무가 뿌리를 내렸다. 벽은 폭삭 무너졌다. 바위 쪽들처럼 부서져 바닥에 흩어졌다. 해자에 덮인 돌더미는 갈라져 흘러내리는 도랑들을 절반쯤 채웠다. 무장한 자들이 약탈에 나설 때 집합하던 안마당의 패인 웅덩이마다 쓰레기 더미가 가득했다. 관목 덤불과 크게 자란 잡초 사이로 길을 내고 나갈 엄두가 나지 않는다. 돌더미 틈에서 독사가 튀어나오거나 웅덩이에 빠질까 걸음을 떼기조차 무섭다. 그래도 조심조심 걸어 나갔다! 다행히 금세 돌을 두른 우물가에 도착했다. 시커먼 구멍 속을 들여다보면서, 고사리와 지네가 우굴대는 그 깊이를 어림잡아보았다. 깊은 바닥에서 희미한 빛이 반짝이고, 목이 메어 중얼대는 소리가 들리는 듯했다. 우물 속에서 빠져나오지 못하고 맴도는 바람 소리일까? 돌 틈에서 방울방울 떨어지는 샘물에서 울리는 소리일까? 도마뱀이 돌아다니며 물장구치는 소리일까? 무엇인지 알 수 없었다. 전설에 따르면, 깊은 샘에서 나오는 복잡한 소리는 그 속에 빠져 죽은 사람의 절망과 원망의 외침이라고 한다. 우물 바닥 속에 유골이 깔려 있다고.

궁금하기 짝이 없었지만 애써 우물에서 눈을 돌렸다. 대신 햇빛을 받아 눈부신 육중한 사각 망루가 보였다. 여러 망루가 무너졌는데 단 하나 멀쩡하게 남았다. 총안도 멀쩡했다. 빛바래 누런 벽은 성주가 연회실에서 처음으로 축제를 벌이던 날처럼 말끔하다. 긁힌 자국이나 조금 보일 뿐 도마뱀 한 마리 보이지 않았다. 좁은 창가에 걸려있던 치명적인 몽둥이와 철제 고문기구들은 사라졌다. 5미터 높이의 두꺼운 벽 사이로 출입구가 뚫려 있다. 커다란 돌 문지방이다. 첨두홍예 끝머리에 조잡한 조각이 붙어 있는데 옛 격언의 자취가 담겼다. 문지방에 붙어 있던 이동식 계단도 더는 보이지 않는다. 돌에 새긴 성주의 건방진 문구를 감별하려고 기를 쓰는 고고학자는 사다리를 걸쳐야 한다. 망루로 들어오려고 농민들은 아래쪽의 땅을 팠다. 험난한 작업이다. 그렇지만 농민들은 수많은 자기 가족과 이웃이 고문받고 굶어 죽은 망루에 복수하려고 험한 일을 마다하지 않았다. 물론 그곳에 숨겨진 보물을 찾을 궁리도 했을 것이다.

　나는 허물어진 밑구멍으로 농민의 심정으로 들어갔다. 볕이 직접 들지 않던 실내의 공기는 들어서기도 전부터 싸늘했다. 그러나 햇빛은 바닥까지 밝혔다. 지붕은 무너졌다. 바닥 마루, 대들보, 벽에 옛날의 불에 탔던 시커먼 자국이 남아 있었다. 나무와 재, 잡석과 쓰레기, 모든 것에 습기에 찌들었다. 바닥도 자칫하면 넘어질 만큼 미끄러운 진창이었다. 살벌한 감방에 갇힌 기분이다. 지독하게 역겨운 공기가 물씬했다. 어쨌든 감방들의 터진 입구에서 풍기는 잔해와 곰팡이 냄새에 비하면 공기는 맑은 편이다. 나는 무엇이 있을까 싶어서 시커먼 구멍을 들여다보았다. 깊은 어둠 속을 눈을 부릅뜨고 오래 주시했다. 정말 살벌한 구멍이다! 나는 살인자들이 누구인지 모르지만, 그를 보고 있는 듯 치가 떨렸다. 다시 기운을 차리려고 망루의 사방 벽 사이로 올려다보이는 푸른 하늘로 고개를 돌렸다. 놀란

올빼미가 비명을 지르며 높이 날아올랐다.

두꺼운 벽에 뚫린 계단으로 망루 위로 올라갔다. 많은 사람이 오르내려 반질반질하게 닳은 계단을 기어오르다시피 했다. 벽면에 의지하고 돌출부에 매달리며, 먼지를 뒤집어쓰면서 꼭대기로 올라섰다. 망루 위의 석판은 넓어 위험하지 않았다. 아무튼 몇 발짝도 편안히 떼기 어려웠다. 높은 곳이라서 아찔했다. 나는 꼼짝 않고 새들과 구름 사이의 까마득한 심연 위에 서 있었다. 한쪽은 시커먼 망루 안쪽 구멍이고 다른 한쪽은 망루 밖 벼랑의 밝은 쪽 바위였다. 망루가 서 있는 언덕은 마치 수백 미터 높이의 또 다른 망루 같다. 그 언덕 밑으로 굽이치는 강은 방어용 해자를 능가하는 역할을 한다. 사람들 이야기로는 옛날에 이곳 성주들은 망루 위에서 수감자들을 던지곤 했다고 한다. 성주는 증오하는 적들을 망루 지하 감옥에 가두어 서서히 죽도록 했다. 몇몇 특별히 악감정을 품을 일이 없던 적들은 망루 위에서 용감하고 명예롭게 뛰어내려 죽어야 했다. 그렇게 사람들을 밀어 떨어뜨린 날, 화려한 저녁 식탁에서 사람들은 망루 위에서 질겁하던 사람들을 조롱했고, 허공으로 대담하게 몸을 던지던 사람들을 칭찬했다. 이런 성주가 죽을 날이 되면 이웃 수도원에 들어가

'성스러운 향기'를 맡으며 세상을 떠났다.

바위산 밑으로 슬레이트 지붕을 얹은 초라한 오두막들과 오래된 마을의 초가집들이 되는 대로 흩어져 있었다. 성주가 주민을 지배하던 때로부터 제도와 풍습이 얼마나 변했고, 사람들은 또 얼마나 변했을까? 자기의 발밑에서 움직이는 헐벗은 사람들에게 함부로 말을 내뱉던 성주의 시절은 끝났지만 말이다.

"내가 마음만 먹으면, 저자들 모두 내 칼을 맞을 거야!"

귀족 자녀는 지평선 끝까지 뻗은 영지에서 다닥다닥 붙은 고을들과 퇴비 속에서 꿈틀대는 비천한 농민을 보면서 어떻게 몹쓸 건방을 부렸을까? 왜 사람들은 행복하게 살려고 평등하게 태어난다고 생각하지 못했을까? 똑같은 땅에서 태어났어도 귀족의 후손은 자기 성루에서 건방진 눈으로 내려만 보아도 착각할 수밖에 없었기 때문이다. 그러나 그런 후손이 불평등을 인식하고 양심의 가책을 느꼈다면, 성 밖 깊은 골짜기의 어두운 수도원으로 들어가 벽에 이마를 두드리며 절망하고 원망했을 것이다.

과거 성주와 기사들의 후손은 지금 시골 마을에서 부동산이나 관리한다. 주민을 질투의 눈으로 감시하기나 한다. 그렇지 않으면 공장주가 되어 마을 주민을 직공으로 부린다. 이런 자가 지은 별장이 언덕 기슭에 숨어 있다. 가까운 이웃집들에 둘러싸이거나 큰 나무들을 심어 둘러막은 집이다. 멀리 사방의 마을들도 단순히 풍경으로나 본다. 성주도 더는 성주가 아니다. 그가 어떻게 자기 집에 높은 지위와 위신을 부여할까? 조용히 자연 속에 파묻힌 사람들과 등 돌린 채 살려고 한다.

중세부터 시골 마을과 성은 별도의 작은 세계가 아니었다. 싫든 좋든, 자진해서든 억지로든, 사람들은 더 큰 세상으로 접어들었다. 더욱 큰 싸움을 하고, 더욱 크게 진보하는 사회로 접어들었다. 성주가 절대 지배자였던 소왕국은 별 것 아닌 지방에 불과하고, 과거 성주의 자손은 조상들이 휘두르던 녹슨 칼로 할 일을 찾지 못한다. 지금도 여전히 시골 귀족 일부는 막강한 유산으로 실질적인 특권을 누리려 하지만, 시민으로 돌아가기도 한다. 왕들이든 민중이든 이런 자들의 조상이 나선 투쟁과 정복을 도왔던 셈이다.

군주들은 오랜 전쟁을 하면서 산악부족을 더욱 높은 산골로 밀어붙였다. 영지의 경계, 눈 덮인 고봉까지 밀어붙였다. 산악부족은 침략자의 방문을 받고, 그들이 자신들에게 제시한 경계를 인정하면서 거대한 제국의 방대한 변두리 지역을 잃었다.

산골 곳곳에 남은 이상한 이름 때문에도 더욱 과거의 일을 상기하게 된다. 얕은 골짜기에서 멀리에서 마치 움직이는 작은 다이아몬드처럼 눈에 띌까 말까 하는 숨은 샘처럼 햇빛이 비쳐야 겨우 반짝이며 모습을 드러내는 샘이 있다. 가까이 가보니 주변에 토끼풀이 퍼져 있고, 그 둘레에 은빛 물방울이 맺혀 있었다. 새들도 푸드덕대고, 뿌리를 깊은 물속에 감춘 토끼풀은 푸른 줄기를 뺐고 작은 꽃들을 풀밭 위에 올렸다. 멀리에서 목동들이나 알아보는 풀밭이다. 산기슭에서 타오르는 듯한 풀밭이었다. 사람들은 그 샘을 '3성주의 샘'이라고 불렀다.

왜 이렇게 의아한 이름일까? 어떻게 초라한 샘에 권세가들의 이름이 붙었을까?

이 산골에 먼 옛날의 전설이 있다. 산줄기를 따라 솟은 세 동산 뒤에 철옹성이 서 있던 시대에 백작 셋이 각자의 성에서 평화롭게 살았는데, 우연히 사냥을 나왔다가 이곳 샘물가에서 만났다. 멧돼지와 노루를 쫓아 오래 진땀을 흘리며 뛰어다닌 길이라 백작들은 지쳐 있었다.

시종들은 술과 꿀물을 백작에게 건넸다. 하지만 은주전자에서 쏟아지는 음료보다 바위틈에서 샘솟는 작은 물이 훨씬 더 시원했다. 백작들은 너도나도 샘물에 떠다니는 풀잎을 손으로 밀치며 마치 야생 공작이나 초식동물처럼 물을 들이켰다. 그러고 나서 서로 악수하고, 풀밭에 누워 즐겁게 한담했다. 날씨는 쾌청하고 해는 이미 지평선 뒤로 넘어갔다. 흩어진 구름 그림자가 수확을 앞두고 누렇게 무르익은 밭에 떨어졌다. 마을 여기저기에서 가벼운 연기가 피어난다. 세 사람 모두 기분이 좋았다. 그때까지 그들의 방대한 토지는 산간에서 뚜렷한 경계가 없었다. 세 사람은 이때부터 찬물이 솟는 샘을 영토의 경계로 삼기로 했다. 두 사람은 각각 좌우 개울가를 차지하기로 했고, 나머지 한 사람은 샘에서 이웃 산정과 그 너머 산등성이를 차지하기로 했다. 이런 약속을 하면서 세 영주는 함께 오른손을 잡고 샘물에 자기 땅의 풀잎을 적셔 맹세했다.

그렇게 맹세했건만! 좋은 세월은 얼마 못갔다. 백작들은 웃고 지내지 못했다. 서로 다투다가 전쟁이 터졌다. 신하들과 마을 주민들과 농부들은 경계를 바꾸려고 숲과 골짜기에서 서로 죽였다. 들은 황폐해졌고 평화롭던 샘물가에서 수 세대 동안 피에 젖은 격랑이 흘렀다. 그러다가 다시 평화가 찾아오곤 했다.

어쨌든 전쟁은 어김없이 다시 터졌는데, 물론 백작들이 샘물을 차지하려는 싸움은 아니었다. 막강한 군주들은 산과 숲, 강과 주민을 포함한 많은 도시와 방대한 영토를 차지하려 싸웠다. 서로 죽이는 사람들은 변변치 못한 무장 세력이 아니었다. 첨단 무기로 무장한 수십만 대군이 서로 충돌하고 죽었다. 인류가 진보했다고? 처절하고 살벌한 싸움을 보면 어떻게 그렇다고 할까!

하지만 전쟁의 고통을 모른 채 높은 산 깊은 골짜기에서 살던 사람들은 얼마나 행복했을까! 밀려드는 군대에도 끝끝내 독립을 지켜낸 사람들 아닌가! 거대한 산맥이 지켜주는 수많은 부족은 이런 자유를 누리며 행복했다. 그 부족들만 막강한 이웃에 복종하지 않을 만큼 강인하고 용감하게 단합도 했지만 거대한 알프스산맥의 덕을 보았다. 그들은 알프스 계곡에 확고히 뿌리내린 마을들에서 자기네 신전을 지켜냈다.

미카엘 그레덴베르크(Michael Gredenberg)가 촬영한 리히텐슈타인의 바두즈 성, 2004년.

산을 향한 숭배

우리는 자연을 열렬히 떠받든다. 사람들이 보통 그러려니 하는 예상 보다 훨씬 열정적이다. 농부는 고개를 치켜들고 해를 가리키면서 항 상 같은 말을 되풀이한다.

"바로 저기에 우리 하느님이 계시잖아!"

나도 똑같은 말을 한 적이 있지 않았을까? 골짜기와 평야에 솟 은 장엄한 봉우리들을 보면서 나도 순진하게 '신성한 산'이라고 외 치곤 했다!

돌이 구르는 산비탈을 힘겹게 오르던 어느 날이었다. 비와 우박이 섞인 바람이 몰아치며 얼굴을 때렸다. 바위들은 짙은 안개에 덮였다. 주위에서 안개 사이로 희미하게 다가왔다가 멀어지곤 하는 바윗덩어리들이 보였다. 나는 오싹하고 주눅이 들었다. 그런데 갑자기 비바람 속의 물방울들을 비추는 한 줄기 빛이 보였다. 머리 위로 비구름이 걷혔다. 하늘이 파랗게 밝아지고 그 사이로 차분히 산봉우리가 나타났다. 마치 금빛 햇살을 두른 듯 벽 능선을 따라 걸친 눈이 고운 아라베스크 무늬처럼 두른 채 은빛을 발했다. 봉우리는 그림자 속에 환하게 서 있는 입상처럼 윤곽이 뚜렷했다. 빼어난 피라미드 형태의 봉우리는 완전히 지상에서 떨어져 붕 떠 있었다. 늠름히 꿈적 않는 봉우리는 하늘을 평정했다고 할 만하지 않을까. 안개와 구름을 더러운 누더기처럼 걸친 지상 세계와 다른 세상의 모습이었다.

나는 뿌듯하기만 했다. 영원한 신들의 산 올림포스에 와 있는 듯한 기분이 들었다! 하지만 짓궂은 구름이 돌연 눈 앞을 가렸고 다시 비바람과 뿌연 안개에 휩싸였다. 나는 그저 "신을 보았어!"라고 중얼대며 스스로를 위안했다.

태고에 모든 민족은 순진하게 산을 바라보았다. 산에서 신을 보고 또 구름 사이로 나타났다 사라지곤 하는 왕좌를 보았다. 그렇게 자기네 민족의 기원을 산에서 찾았다. 그들은 산에 전통과 전설의 자리를 마련했다. 야망과 꿈을 실현할 미래를 그곳에서 기다렸다. 바로 그곳에서 구원자와 자유와 승리의 천사가 내려왔다. 민족의 삶에서 고봉들은 매우 중요했다. 그래서 산의 숭배로서 인류의 역사를 이야기했다. 산은 전진하는 민족의 길목을 지키는 거대한 이정표였다.

학자들이 말하듯 중앙아시아의 거대한 산맥에서 유럽 언어의 근원을 사용하던 첫 부족이 나타났다. 지구상 최고봉 자락에서 문명의 맏이라고 할 수 있는 인도인과 아리안족이 살았던 것이다. 고대인은 숲과 들판에 빛을 받고 서 있는 '8만 4000봉의 황금산'을 숭배한다고 노래했다. 만년설을 머리에 두르고, 빙하를 쏟아 내리는 히말라야 거봉들은 그 자체가 곧 신이었다. 힘을 쓰고 위엄을 내뿜는 신이다.

하늘을 찌르는 가우리상카 봉우리[28]와 그보다 덜 높아도 뚝 떨어져 더욱 규모가 큰 차말라리 봉은 위대한 한 쌍의 신처럼 숭배받는다. 빙하는 크리스털과 다이아몬드 같다. 신성한 황금빛과 자줏빛 구름을 두르고 있다. 그 높은 곳에 시바 신이 있다. 창조하고 파괴하는 신이다. 샤마 여신과 잉태와 출산을 맡는 가우리 여신도 있다. 강

---

28 가우리상카(Gaurisankar)는 조모 체룽마라고도 부른다. 해발 7171미터의 고봉으로 '여신과 신
    랑들'이라는 의미를 담고 있다.

물과 동식물과 인간을 낳는다.

힌두의 전설과 서사시로 넘치는 기적의 숲에서 히말라야산맥과 관련된 다른 많은 전설이 싹텄다. 여신으로서든 여러 민족과 대륙의 모신(母神)으로서든 숭고하게 살아 있는 전설이다. 모두 서사시의 전설이다. 사람이 살 수 있는 땅을 마치 대양에 펼쳐진 반도들 같은 커다란 연꽃잎으로 보라고 한다. 꽃잎과 암·수술을 모든 삶을 낳는 메루 산자락과 봉우리로 보라고 한다.

유익한 퇴적물을 지상으로 내려보내는 빙하와 격류와 강물도 살아 있는 존재들이다. 비록 간접적이지만 이들도 신과 다름없이 눈부신 천상의 구름 위에 사는 신들처럼 하찮은 생물을 평야로 내려보낸다.

지상에서 가장 높은 메루 산뿐만 아니라 그 밖의 산들과 인도의 첨봉들은 그 기슭과 발치에 붙어사는 모든 민족의 숭배를 받았다. 빈디아, 사트푸라, 아라발리, 닐라게리 같은 산들은 모두 고유의 숭배자들을 거느렸다.

숭배할 산이 없는 평야 사람들은 신전을 세웠다. 어마어마한 화강암으로 기이한 피라미드 형태를 쌓아 메루 산처럼 숭배할 봉우리를 재현했다. 고대 이집트 사람들도 이와 비슷한 숭배심으로 피라미드를 쌓아 올리지 않았을까? 진흙과 모래로 덮인 인공 산들을!

동양의 전설에 따르면 낙원에서 쫓겨난 최초의 인간들이 실론섬의 '찬란한' 스리랑카라는 축복받은 땅에서 신성한 산을 천국까지 쌓아 올렸다. 거룩한 아나라자푸라 시의 넓은 평지 한복판에 우뚝 선 미힌탈라 산이다.[29]

22세기 전, 미힌탈라 바위산 위에서 마힌다[30]가 갠지스 기슭에서 날아와 실론 사람들에게 불교를 전파했다. 마힌다는 지금 산 정상에 서 있는 탑에 강림했다. 거대하고 높은 탑이었다. 수많은 순례자가 몰려들어 바친 꽃 때문에 탑 전체가 완전히 자스민 꽃에 덮이기도 했다. 불꽃처럼 찬란한 석류석이 탑 꼭대기에서 멀리까지 햇빛에 번쩍인다. 옛날에 어떤 영주가 산 위에서 밑까지 12킬로미터에 달하는 긴 양탄자를 깔았다. 신도들이 세속의 더러운 흙을 밟지 않도록 했다.

그런데 성산 미힌탈라보다 더 영광과 인기를 누리는 아담 봉이 있다. 아담 봉은 선원들이 바다에서 실론 섬으로 접근할 때 쉽게 눈

---

29 스리랑카 북부지방에 있다. 대륙에서 아쇼카 왕국의 특사들이 기원전 3세기에 불교를 전한 성지다.
30 마힌다는 아쇼카 황제의 아들로서 왕자이자 승려인데 그가 특사였다.

에 띈다. 아담 봉 바위에 신장이 10미터쯤 되는 거인의 발자국이 남아 있다. 이슬람교도와 유대인은 아담의 발자국이라고 한다. 넓은 대지와 숲, 산과 들, 대양과 섬과 암초를 거느린 연안을 두루 살펴보려고 최초의 인간 아담이 봉우리 끝으로 기어올랐다고 한다. 그러나 스리랑카 사람들과 인도 사람들은 그 자취를 사람의 것이 아니라 지상에 내려왔던 신의 발자국이라고 믿는다. 브라만교도는 시바 신의 발자국이라고 하고, 불교도는 부처의 것이라고 한다. 기독교 초창기 몇 세기 동안 영지주의자는 야훼의 것이라는 기록을 남겼다.

포르투갈 사람들은 실론 섬에 처음 상륙했을 때 예루살렘의 봉우리만 못하다면서 아담 봉을 비하했다. 수수께끼 같은 발자국은 성 도마의 것이라느니, 기독교로 개종했던 캉다스의 환관이라는 고대 사제의 것이라고 했다. 아르메니아 사람 모이즈 드코렌은 자기네 고향에 성산[31]이 있는데 무슨 소리냐면서, 아담 봉을 사탄의 발자취라고 했다.

그러다가 영국 여행자들이 해마다 늘어나면서 이들은 성산의

---

31 흔히 인류 조상으로서 아담의 산이자, 대홍수 때 노아의 방주를 발견했다는 아라라트 산. 아르메니아 사람은 마시스 산이라고 부른다. 오늘날 터키와 아르메니아에 걸쳐 있는 아르메니아 고원에 자리한 5165미터 화산이다.

'신성한 자취'를 조잡하게 파낸 별 볼 일 없는 구멍으로 보았다. 하지만 영국 사람들이 아무리 무시해도 봉우리로 올라가 절을 하고 발자국에 입을 맞추며 사원에 수많은 사람이 끊임없이 제물을 바쳤다. 신도들은 기적을 진실로 믿는 듯하다. 아담 봉 몇 미터 아래 작은 샘이 솟았다. 신의 지시로 솟아나는 샘이라 했다. 기슭에 많은 나무가 자란다. 신도들은 모든 나뭇가지가 봉우리 쪽으로 뻗어 그것을 지킨다고 믿었다. 바위에 보석들이 박혔는데 인간이 죄를 짓고 고통스레 사는 모습을 슬퍼하는 신이 흘린 눈물이 굳은 것이라고 한다. 《천일야화》 같은 이런 놀라운 사건들을 보면서 어떻게 기적을 믿지 않을 수 있을까?

신성한 산에서 쏟아지는 급류는 마을 개울처럼 모래와 자갈 정도를 싣고 내려오지 않는다. 이곳 산골짜기 물은 루비와 사파이어, 석류석 가루와 뒤섞여 흘러내린다. 계곡물에서 사람들은 인어처럼 보석가루가 섞인 모래 속에서 나뒹굴고, 멱을 감는다.

아리안 인종과 전혀 다른 문명에서 살아온 극동아시아 지역 인종도 산을 숭배했다. 중국과 일본도 인도 못지않게 고산마다 신전을 세웠다. 고산을 신성한 수호성지로 삼아 전설을 역사에 뒤섞으려 했다.

중국의 산들은 가장 오랜 역사를 자랑한다. 중국 민족은 처음으로 역사를 연대기로 기록했다. 중국의 높은 다섯 성산(伍岳, 오악)은 가장 유명한 고장들에 있다. 그 기슭은 농사와 산업으로 풍요로웠다. 주민들이 주변에서 많은 사건을 겪으며 살던 곳이다. 그중 가장 신성한 태산은 황해를 접한 두 개의 만 사이에서 산둥반도에 솟은 다른 봉우리들을 압도한다. 태산 정상까지 돌계단으로 오를 수 있다. 그곳에서 풍요로운 평야를 가로지르는 황허 강이 내려다보인다. 황허 강은 여러 갈래로 황해에 흘러든다. 넓은 평야를 덮은 밭의 이삭들보다 더 많은 사람들에게 물을 대면서 흘러간다. 중국 황실의 연대기에 따르면, 청나라 황제는 430년 전 태산에 올랐다.[32] 더 먼 옛날에 공자도 태산에 올랐다. 그러나 길이 험해 공자는 중도에 포기했다. 지금도 그가 돌아 내려간 자리(소나무)를 보존하고 있다. 태산에는 모든 위대한 신들과 기본 수호신들을 모신 신전과 사당들이 있다. 구름과 하늘, 큰곰과 북극성을 모신 곳도 있다. 하늘을 누비는 수많은 수호신이 인간의 땅과 도시를 내려다보려고 서로 다툰다.

"태산의 덕이 곧 하늘의 덕이다. 태산은 세계를 지배한다. 태산

---

32 하늘에 제사를 올리는 봉선의식을 치르기 위해서였다.

은 구름을 불러모아 비를 뿌린다. 삶과 죽음, 행복과 불행, 영예와 치욕을 결정한다. 하늘 아래 솟은 어떤 봉우리도 태산을 오르는 가치에 비할 수 없다."

많은 순례자가 은총을 빌기 위해 태산을 찾았다. 산길에 늘어선 오두막의 흉측한 상처를 드러낸 거지들에 오가는 행인이 질겁하기도 한다.

중국 사람들만큼이나, 일본 사람들도 흠잡을 데 없이 아름다운 화산의 눈 덮인 고봉을 숭배한다. '비할 데 없는 산'으로서 후지산에 견줄 만한 우상이 또 있을까? 후지산은 시골 한복판에 아래는 숲, 위에는 눈에 덮인 채 홀로 서 있다. 옛날 후지산은 활화산이었다. 화염과 용암을 내뿜었다. 지금은 휴화산이다. 일본 열도에서는 수많은 비슷한 화산에서 여전히 지축을 흔들고 뜨거운 용암을 강물처럼 쏟아내고 있다.

수많은 기독교도를 제물로 바쳤던 무서운 산도 있다.

아메리카 전설에 따르면 모모톰보[33] 신의 비위를 맞추기 위해,

---

33 니카라과 레온 시 부근의 성층화산. 해발 1297미터로 정상에서 태평양이 내려다보이는 관광지로 유명하다. 4500년 전에 솟은 젊은 화산이다. 17세기에 크게 폭발했던 유적이 레온 시에 전한

감히 그 화산을 신이 아니라 '악마의 아가리'라고 설교했던 기독교 사제들을 집어던지려 했다. 다행히 화산은 희생자가 던져질 때까지 가만히 기다리지 않았다. 직접 땅을 가르고 용암을 토해내며 여러 지방을 잿더미로 덮었기 때문이다. 어떤 고장을 단숨에 집어삼키기도 한다. 이토록 위력이 대단한데 어떻게 엎드려 절하지 않을 수 있었을까? 모든 것을 집어삼키는 화산을 신이라 칭했던 것은 당연하지 않을까!

산을 추앙하는 종교도 다른 대상들과 똑같이 산의 존재감으로 사람을 사로잡는다. 용암을 토해내는 산자락에서 사람들은 공포에 질려 엎드려 절한다. 삭막하게 변한 벽촌 사람들은 계곡물을 보내달라고 만년설에 애원한다. 험준한 협곡의 안전한 피신처도 숭배의 대상이다. 인간이 이러한 감정에 사로잡힐 수밖에 없는 것은 저절로 경외심을 부를 만큼 웅장한 산이 품은 아름다움 때문이다. 혹은 본능적으로 그런 감정에 젖을 때이거나. 그렇다면 아름다우면서도 안전하며 무섭고도 백해무익한 양면성을 지닌 산은 어떤 산일까?

다. 2015년에도 110년 만에 분출했다.

민족마다 세계를 옮겨 다니면서 지평선을 가로막고 있는 산에 모든 민족 전통을 결부하고 숭배했다. 대이동을 하며 거쳐 가는 곳 마다 새로운 신전을 올렸다. 먼 옛날, 페르시아 고원의 유목민은 저 녁 무렵마다 뿌옇게 평원 한복판에서 솟아오른 산을 보았다. 전 세 계에서 찾아온 순례자들의 찬송을 받는 신성한 '부적'이라는 이름 인 '틸리슴(Tilism)'이라고 부르는 산이다. 유목민이 머나먼 이주의 행진 끝에, 멀리 솟아 있는 듯 보이는 산은 신기루가 아니었다. 눈과 바위로 덮인 진짜 산이었다. 이런 산을 보았을 때, 민족을 따라 신이 함께했다고 생각했을까?

대홍수를 피해 살아남은 사람들이 올라갔다는 산은 여러 대륙 으로 길을 내주었다. 사마리아 사람들이 전하는 《모세5경》에서 노 아의 방주는 아담 봉에 좌초했다고 한다. 아라라트산이 바로 그 정 상이라고 주장하는 사람들도 있다. 도대체 아라라트산은 무엇인가? 목동들이 신성한 방주의 잔해를 찾아냈다는 아담 봉이 아닌 다른 산일까? 아니면 아르메니아의 또 다른 산일까? 아시아 민족은 자기 네 밭에 물을 대주는 산만으로도 수호 성산이라고 외친다. 바로 그 산에서 눈길과 격랑을 따라 생명을 지상으로 내려보냈다고!

그런데 수많은 전설이 사실이었다고 주장하는 증거도 많다. 사람들은 빙하 속에서 방주의 나무토막 화석을 찾아냈다. 요즘 학자들은 바위 속에서도 '대홍수의 쇠고리들'이라는 붉게 녹슨 화석을 찾아내지 않았던가? 페르시아, 시리아, 아라비아, 터키 등 100곳이 넘는 산에서 인류의 두 번째 조상 노아가 상륙했다고 하지 않았나?

그리스에는 파르나소스 산이 있다. 대홍수가 쌓아놓은 진흙 위에 박힌 돌들이 인간이 되었다는 산이다. 심지어 프랑스에도 방주가 정박했다는 산이 있다. 그르노블, 그랑 샤르트뢰즈 고원 부근 샤므쇼드 봉우리다.[34] 피레네산맥의 동쪽 기슭, 오드 강 상류의 퓌 드프리그 봉도 있다.

이렇게 신화는 "인간이 높은 산봉우리에서 내려왔다"고 줄기차게 이야기한다. 높고 깊은 산골에서 신들은 인간이 할 도리를 큰소리로 외치지 않았던가! 유대민족의 신은 뿌연 광채와 구름에 둘러싸인 시나이 산 꼭대기에서, 벽력처럼 평야에 모인 사람들에게 호통치지 않았던가. 바알 신, 몰로슈 신도 마찬가지다. 아시아 민족들이 이야기하는 잔인한 신들도 산마루에서 신도들 앞에 나타나곤 했다. 고대 아라비아, 에돔, 모아브 등지에는 크고 작은 산마다 반드시 석

---

34 프랑스 남부에 걸친 알프스산맥의 샤르트뢰즈 고원 정상으로 해발 2082미터다.

축 피라미드가 있었다. 사제들이 유익한 신에게 희생제를 올리는 제단이다. 바벨에는 산이 없어 하늘을 찌르는 탑을 세웠다. 시인은 거대한 탑을 여러 민중의 상상했던 모습으로 재건했다.

"그곳에서는 거대한 바위산들도
한 개 돌덩어리였을 뿐⋯⋯."

외국의 노래를 시샘하던 유대 선지자들은 이웃 민족들이 우상을 세워놓은 '높은 산정'을 저주했다. 그러나 유대민족 자신들도 별다를 것 없었다. 유대민족은 구원의 천사들을 보라며 높은 산을 가리키곤 했다. 유대교 교당을 산 위에 세웠다. 선지자 엘리아도 산에서 하느님을 만났다. 갈릴리 사람 예수가 두 선지자 모세, 엘리아와 함께 하늘나라의 영원한 빛 속으로 올라가며 변모하는 기적을 일으킨 곳도 타보르 산이다. 예수가 도적들과 함께 십자가에 매달린 곳도 산꼭대기였다(골고다 동산). 예언에 따르면, 예수는 성자들과 천사들과 함께 다시 돌아와 적을 심판할 때 산으로 내려온다고 한다. 그렇게 돌아올 때 산 위에 내려서는 충격만으로도 적을 심판하고도 남을 것이다. 예수가 돌아와 이 땅에 발을 딛는 순간, 또 다른 산봉우리에 새로운 황금도시가 허공 속에 찬란히 솟아오를 것이고, 그곳에서 선민들이 산봉우리의 맑은 공기를 마시며 영원히 즐겁게 살 것이다. 불행하고 지겨운 이 땅보다 높은 곳에서!

알프스의 샴쇼드 봉, 〈위키 커먼스〉의 그렐리브르(Grelibre), 2008년.

올림포스 산과 신

그리스 민족이라면 누구나 가장 높고 아름다운 성산 올림포스를 세계에서 가장 훌륭하다고 칭송한다. 메루, 옐브루스[35], 아라라트, 레바논 그 어느 봉우리도 올림포스처럼 절대적 위엄을 과시하지 못한다. 어쨌든 올림포스 산처럼 멀리서도 눈길을 끄는 좋은 터에 솟은 산은 거의 없다. 세계를 돌아다니는 많은 사람에게 이정표 노릇을 하는 산이다.

에게해 한구석에 자리 잡은 올림포스 산은 주변의 다른 봉우리를 모두 압도해 멀리서도 선원들의 눈에 띈다. 마케도니아 평야와

---

35 일명 '러시아 최고봉.'

기름진 테살리아 계곡과 오트리스 산, 핀데 산, 베르미우스 산, 아토스 산[36]에서도 지평선 위로 세 봉우리와 호메로스가 말한 대로 '천 개의 주름'이 잡힌 비탈이 보인다. 올림포스 산자락에 펼쳐지는 농촌은 매우 비옥해 많은 사람을 끌어들인다. 사람들은 갖가지 이유로 그 속으로 들어가거나 서로 만나고 죽이곤 했다. 결국 올림포스 산은 부족과 군대의 행렬을 지휘하는 셈이다. 아시아에서 유럽으로 또는 그리스에서 북쪽으로. 올림포스는 민족들이 따라야 하는 거대한 군사경계처럼 길목에 서 있다.

고대 그리스의 다른 수많은 산도 눈부신 만년설에 덮여 있으므로 '찬란한' 산이라는 뜻을 가진 '올림포스'라 부를만하다. 하지만 그 어떤 산도 최고신의 거처로서 올림포스 산만큼 눈부시지는 않다.

고대 그리스 민족은 올림포스 산자락의 골짜기와 평야에서 성장했다. 아테네와 펠로폰네소스 부족도 테살리아 출신이다. 테살리아에서 그리스의 첫 번째 영웅들이 괴수들을 무찔렀다. 그리스의 첫 번째 시인들이 피에리데스 여신[37]들의 말씀에 따라 유쾌한 승전가

---

36 오트리스 산은 거인족의 근거지다. 아토스 산은 마케도니아 동방정교회 수도원 발상지이기도 하다. 그리스 사람들은 일반적으로 아토스 산을 성산(聖山, 아키온 오로스)라고 부른다. 높이는 해발 2000미터가 조금 넘는다.

37 그리스 신화에 나오는 마케도니아 왕국 피에로스 왕의 공주 9명이다. 무사이(뮤즈)와 노래 경연

를 불렀다. 그리스 사람들은 더욱 먼 고장들로 진출해서도 자기네 젖줄이 되는 산들을 올림포스라고 불렀다.

신화의 거의 모든 중대한 사건이 올림포스 산을 둘러싸고 벌어졌다. 그중 가장 중요한 사건이 천하제국을 결정했다. 올림포스 산은 새로운 신들이 선택한 요새였다. 그 산자락에 고대의 신들이 자리 잡았다. 혼돈의 신 카오스의 자식인 거인 티탄도 그랬다. 남쪽으로 방대한 반원을 그리며 뻗은 오트리스산맥에서 티탄은 바위산을 통째로 들어 올려 반쯤 무너진 올림포스 산으로 내던졌다. 하늘 아래 가장 높은 산을 올리려고 늙은 티탄은 바위에 바위를 쌓고 층계를 높이 올렸지만 만년설 봉우리에 결코 도달하지 못했다. 봉우리는 짙은 구름에 둘러싸였고 벼락을 쳐댔다. 땅의 기운을 받은 티탄은 우레와 같은 소리를 지르고 폭풍우를 퍼붓고, 바위 돌을 우박처럼 쏟아대며 맞섰다. 그러나 영악한 젊은 신들에 대항하던 늙은 거인들은 우직하고 사납게만 맞서다가 쓰러져 죽고 말았다. 산자락의 민중은 이들의 유해에 깔려 압사했다. 변덕스러운 왕들이 종종 경솔하게

을 벌였다가 패하고 각자 다른 새가 되었다.

민족들을 말살했던 것처럼.

물론 수 세대 전부터 올림포스 산의 기적 같은 투쟁들은 멈추었다. 이오니아와 도리아의 시인들이 민족의 용맹을 노래했을 때는 이미 그 전의 투쟁이 모두 끝난 뒤였다. 역사가들은 이보다 훨씬 뒤부터 신화를 이야기했다.

신과 인간의 아버지 제우스는 올림포스 산에서 태평하게 살았다. 가장 높은 봉우리에 앉아 있었다. 그 곁에 영원히 젊은 여신 헤라가 있었다. 여신의 주위에도 영원히 젊고 귀여운 불멸의 존재들(여신들과 님프)이 함께 살았다.

산마루에 걸친 눈부신 공기의 신 에테르는 신들의 머리카락을 매만지며 놀았다. 찬란한 산정에 눈도 비도 오지 않았다. 폭풍우도 행복한 신들을 방해하지 않았다. 제우스가 끌어모은 구름이 산자락 바위들을 휘감았다. 제우스의 왕좌를 지키는 울타리였다. 이렇게 군주 제우스의 뜻에 따라 '시간의 신'들이 장막처럼 여닫는 짙은 구름 사이로 군주는 땅과 바다, 도시와 사람을 내려다보았다. 움직이는 사람들의 머리에 제우스는 확고한 운명을 걸어놓고, 삶과 죽음을 알리고, 제멋대로 단비를 내리거나 벼락을 치곤했다.

신들은 밑에서 올라오는 그 어떤 하소연에도 끄덕하지 않았다. 항상 맛있고 고급스러운 음식과 음료만 즐겼다. 신들은 수많은 제물의 냄새를 음미하면서 애원하는 사람들의 목소리를 노래처럼 즐겼다. 그들 밑에서는 비참한 인간의 싸움이 끝이지 않고 벌어졌다. 총검이 부딪히고 전함이 침몰하며, 화염에 싸여 사라지는 도시, 불쌍한 일꾼들, 거의 눈에 띄지도 않는 난쟁이들이 주인을 위해 힘겹게 수확하는 것을 신들도 보았다. 집집마다 지붕 밑에서 우는 여자들과 칭얼대는 아이들을 보였다. 먼 코카서스 바위산에서는 신들의 적 프로메테우스가 신음하고 있었다. 하지만 이 모든 것들은 신들에게 행복이었다.

그리스에서는 고원의 풀밭을 넘어 높고 높은 올림포스 산 위로 기어오르려던 대담한 목동이나 사제 또는 왕이 없었을까? 산행을 감행했던 대담한 사람은 고봉에 올라서자마자 무서운 신들과 마주치지 않았을까? 고대의 문인들은 철학자들이 올림포스 산보다 더 높은 시칠리아의 활화산 에트나 산정을 겁도 없이 기어올랐다고 전한다. 그러나 신들의 산 올림포스를 기어오를 만큼 대담한 사람에 대한 이야기는 전혀 없다. 과학의 시대에도 마찬가지였다. 제우스와 또 다른 불멸의 신들은 순전히 인간들이 관념으로 만들었다고 철학자가 가르치는 시대에 이르러서도 마찬가지였다.

나중에 다른 종교들과 또 올림포스 산자락 주변에 살던 다른 민족들은 올림포스 산을 정복하고 다시금 신성하게 모셨다. 그리스 기독교도는 제우스 대신 기독교의 성삼위일체를 올림포스 산에서 찬송했다. 올림포스의 세 봉우리를 천국의 위대한 삼위의 자리로 보았다. 그중 가장 높은 언덕, 과거에 아폴로 신전이 있었을 자리에 성 엘리아의 수도원을 지었다. 수도원은 지금도 고스란히 남아 있다.

골짜기도 달라졌다. 여사제들이 '에보에(Evohe)'라는 주문을 외치며 바쿠스 또는 디오니소스를 예찬하던 골짜기는 성 드니 수도사들이 차지했다. 서로 다른 종교사제가 이렇게 계속 자리를 돌려가며 차지했다. 과거의 숭배를 현대의 미신이 대신했다. 어쨌든 가장 높은 산마루는 여전히 인간의 발길이 닿지 않았으리라. 고대 그리스의 신들이 떠난 뒤로 올림포스 바위와 만년설의 은은한 빛은 여전히 그 누구도 비추지 않는다.

불과 몇 해 전까지 유럽 사람들이 올림포스 산정에 오르기는 어려웠다. 그리스 산적들이 모든 협곡을 가로막고 있었다. 산적들은

거대한 요새에 처박힌 채 오사 산[38]의 터키족을 치려는 원정에 나서
곤 했다. 산적들은 올림포스 산처럼 자신들도 무적이라며 으스댔다.
올림포스 산이 곧 자기 자신이라고 했다. 그 노래 가사를 들어보자.

"나는 올림포스, 모든 민족이 사랑하는 찬란한 올림포스. 내 이
마의 봉우리는 42. 내 옆구리의 샘은 72. 가장 높은 봉우리로 용맹
한 영웅의 머리를 움켜쥔 독수리가 날아와 앉는다!"

독수리는 다름 아닌 고대의 제우스를 뜻했다. 지금도 독수리는
서로 죽이는 인간을 뜯어먹는다.

인간은 자신들이 창조한 신들에 관해서 엄청나게 자유롭게 상
상했다. 수십 세기 동안 신들의 이름과 상징과 능력이 역사와 언어,
수많은 개인과 민족 전통에 따라 변했다. 사람들은 신들을 만들어냈
듯 죽이기도 했다. 뿐만 아니라 신들을 새로운 신격으로 대체했다.
따라서 신들도 이 산 저 산으로 옮겨 다녔다. 결국 산봉우리마다 고

---

38   올림포스 산 부근에 위치한 오사(Ossa) 산의 별명은 키사보스(Kissavos)다.

유의 신이 있고, 하늘에도 신의 별자리들이 자리 잡았다.

제우스는 크레타 섬에서 가장 높은 '이다 산'에서도 살았다. 그리스 올림포스 산, 키프로스 섬의 산이나 에지나 섬[39]의 바위산에만 살았던 것은 아니다. 아폴론은 에게해 너머 바깥 지역에 널리 퍼진 파르나소스, 엘리콘, 킬렌, 티이제트 등 수많은 산에 살았다.

산 아래쪽 평야가 아직 어두울 때, 하루의 시작을 알리는 햇살을 받아 먼저 빛나는 봉우리들은 태양신에게 바쳐질 만하다. 그래서 그리스 곳곳에 뚝 떨어져 있는 거의 모든 봉우리를 오늘날 엘리아로 부른다. 유대 선지자 엘리아는 이름 덕에 엘리오스의 후예 즉 유피테르의 자식이 되었다.

고대 극작가 아이스킬로스는 델포이를 가리키며 "세상의 중심을 보라"고 했다. 수많은 장소에서 시인의 공상을 따르거나 민중의 상상을 따라 이런 중심기둥을 세웠다. 시인 핀다로스는 에트나 산을 지구의 중심이라고 했다. 다도해(에게해의 옛 이름) 선원들은 아토스 산이 중심이라고 했다. 바다 위로 거대한 윤곽으로 뚜렷이 솟은 산 아닌가, 아시아 연안을 떠나 올 때나 유럽의 바다로 나아갈 때마

---

39 에게해의 일부. 아테네를 끼고 있는 사로닉 만의 사로닉 제도에 속한 섬이다. 에지나 여신은 아테나 여신의 경쟁자였다. 여러 신전이 남아 있고 풍요롭고 중요한 항도가 있다.

다 그런 모습으로 보이는 산이다. 아토스 산 위에서 "해는 평지보다 3시간 뒤에 진다"고 한다. 그만큼 높다. 아토스 산마루에서는 심지어 "지구의 끝이 보인다"고 했다.

고대에 자유롭던 그리스 사람들이 마케도니아의 지배를 받았을 때, 아토스 산도 주인이 바뀌면서 매우 천박한 농담이 나왔다. 군대를 동원해 아토스 산을 통째로 정복하고는 신을 자처하던 알렉산드로스 대왕에게 누군가 굽실대며 '제우스의 새 아들'의 입상을 조각하자고 제안했다. "그 아버지보다 더욱 막강한 아들이므로.". 자아도취에 빠진 애송이나 덤빌 만할 터무니없는 일이었다. 아무튼 대왕은 감히 사업을 벌이지 못했다. 새로운 신을 예찬하는 새 시대로 들어섰지만, 선원들은 아토스 산을 여전히 고대의 신으로 믿었다.

악마가 예수를 이끌고 아토스 산 밑에 펼쳐지는 모든 지상의 왕국, 그러니까 유럽과 아시아와 바다 위의 섬들까지 보여주었다는 전설도 있다. 아토스 산의 주민은 지금도 그렇게 믿는다. 방대하지 않아도 이렇듯 아름답고 다양한 이야기를 품은 산이 또 있을까?

시적 상상이 풍부했던 그리스 세계 바깥에 살던 민족들도 자기네 산을 천지를 지배하는 주인의 산으로 보았다. 알프스 연봉은 신들의 거처로서 또는 신으로서 숭배받았다. 독일과 덴마크 같은 북부의 평원에서 낮은 동산들도 밋밋한 땅에 엎어진 형상이지만, 올림포스 산 못지않게 신성하게 여겨졌다. 추운 아이슬란드에서도 마찬가지다. 항상 연무와 빙하에 둘러싸인 땅에서도 하늘의 군주를 찬양하는 사람들이 섬 안의 산을 바라보면서 자기네 신들이 살고 있다고 믿었다. 물론, 그들이 만약 용암으로 부글대며 눈발과 끊임없이 싸우는 화산 꼭대기까지 올랐다면 살벌한 그곳에서 자기네 신들이 행복하게 살고 있다고는 꿈조차 꾸지 못했을 것이다.

그들은 멀리서만 산을 바라보았다. 갈라지는 구름 사이로 번쩍이는 봉우리들만 보았다. 간파하기 어려운 평지보다 훨씬 아름다운 봉우리들을 보았다. 가파른 절벽으로 사람의 접근을 막은 산들은 그 맑은 하늘 밑에서 신들이 즐겁게 사는 아스가르[40]의 나라였다.

수증기를 잔뜩 품은 거대한 구름이 신성한 산봉우리 위로 치솟고 넓은 하늘을 덮고 있었을 때 구름은 재의 기둥이 아니었다. 우주의 주인들이 그 그늘에서 쉬고 있는 거대한 물푸레나무 신 위그드라실[41]이었다.

---

40   바이킹 신화에서 아스가르드는 에시르 신들이 사는 곳이다.

41   위그드라실은 고대 유럽 신화의 중심을 이루는 아홉 개의 세계를 연결하는 존재의 상징이다. 위그드라실은 거대한 물푸레나무로, 우주를 뚫고 솟아 있어 우주수(宇宙樹)라고도 한다.

카를 로트만(Carl Rottmann)의 〈그리스 에기나 섬의 풍경〉, 1845
년. 슈테델 미술관 소장 작품.

수호신

종교의 형태는 느리게 변화한다. 고대세계의 숭배는 여러 세대를 지나면서 겉으로는 사라졌지만 새로운 형태로 지속되고 있다. 신들의 이름은 종종 바뀌어도, 제단은 변함없다.

신들의 상징물은 2000년 전과 다름없다. 신과 우상에 열광하는 '건전한 단순성'도 달라지지 않았다. 광란의 축제를 벌이던 올림포스 산의 원시 계곡에서는 이제 수도사들이 기도문을 읊는다. 인종도 언어도 다른 숱한 뱃사람이 뱃전에서 찬미했던 성산 아토스에 지금은 다양한 성자를 모시는 성당 935곳이 들어섰다. 기독교의 하느님은 제우스의 후예가 되었다. 제우스도 사실 그 전 시대 고대 신들의 후예였듯, 시칠리아 섬의 시라쿠사 시내 미네르바 신전은 선원들이 멀리에서 바다에 술을 부으면서 황금 첨탑을 경배하던 곳이었는데 지금은 '동정녀 성당'(시라쿠스 대성당)이다. 바닷가 언덕과 내륙의 동산마다 높게 지은 신전들이 이름만 바뀌었고 숭배자들은 여전하다.

베누스 아프로디테 신전을 찾아 키프로스 섬을 헤매던 사람이 있었다. 이 사람이 신전이 어디 있느냐고 묻자 독실한 섬 여인은 이렇게 답했다.

"우리는 이제 아프로디테라고 안 해요⋯⋯. 크리소폴리트 동정녀라고 하지!"

기독교를 믿는 민중은 그리스와 로마의 성산들만 숭배했던 것은 아니다. 그들은 모든 거주지에서 자기들 나름대로 숭배를 해석하고 이해했다. 고대 프랑스의 조상과 중세의 조상도 산을 바라보면서 항상 신비스러운 골짜기들과 눈부신 봉우리에 우월한 존재들이 살고 있다고 생각했다. 물론 이런 존재들은 신의 자격을 얻지 못했다. 성당의 저주를 받아 귀신이 되었다. 못된 짓을 하는 마귀 또는 교회의 관용으로 지역 수호신이 되었다. 몰래 기도하는 금지된 신이다.

유피테르, 아폴로, 베누스는 자리에서 쫓겨났다. 이들은 동굴 깊은 곳으로 피했다. 광채를 받아 근엄하던 신들이 어두운 동굴 속에서 살아남았다. 올림포스 산의 축제는 마녀의 축제로 변했다.[42] 흉측한 마녀들이 천둥 치는 밤에 빗자루에 걸터앉아 악마를 불렀다. 게다가 북유럽의 찌푸리고 차가운 기후도 고대 신들의 몰락에 한몫했다. 거센 바람과 쌀쌀한 눈발을 맞으며 어떻게 맛있는 음식을 먹고 황금 현을 튕기면서 즐겁게 잔치를 벌이겠는가? 신들은 눈부신 봉우리에 햇살이 비칠 때 환상적인 궁전에 잠깐 나왔다가 금세 사라지곤 했다. 덧없는 신기루나 꿈처럼!

신과 수호신은 인간이 원하는 것, 두려워하는 것을 의인화한 존재들이다. 과거의 모든 공포와 정열은 초자연적 모습으로 나타났다. 산의 정령들과 산신령들 가운데는 풀밭을 태우고 주사위를 던지며 행인의 운명을 좌우하는 무시무시한 마법사들도 있었다. 반대로 우유 그릇을 내놓거나 단순한 주문으로 호감을 주는 착한 신도 있었다. 목동들은 이런 선량한 수호신들을 찾았다. 목동들은 자기 암소

---

42   프랑스 역사가 쥘 미슐레는《마녀》에서 이런 축제를 자세히 설명했다.

가 무탈하고, 어린 양이 건강하게 자라도록 해달라고 빌었다. 그리고 거의 모든 남녀노소가 보물을 얻어 부자로 행복하게 살게 해달라고 빌었다. 산신들이 흙과 광물을 섞어 돌에 크리스털과 귀금속을 어떻게 숨겨두었는지에 대해 들려주는 오랜 전설들은 이렇게 나왔다. 또 보물을 차지하려면 언제, 어떻게, 어떤 신호를 보내고, 어떤 이상한 주문을 외워야 하는지……. 그러나 단 한 가지 잊고 있는 것이 있다. 어떤 소리를 외더라도 모든 주술(呪術)은 공허하다는 것!

나는 산골 주민들이 연중 아홉 달가량을 눈 덮인 바위산 봉우리를 파헤쳐대는 큰 공사 현장을 목격한 적이 있다. 봉우리는 이교도 산신의 뒤를 잇는 기독교 성자에 바치는 곳이었다. 사람들은 여름마다 보물을 찾아 기원제를 올리고, 봉우리를 파헤치고자 찾아왔다. 그러나 편암 조각이나 비슷한 낙엽만 나왔다. 그래도 개의치 않고 사람들은 악착스레 곡괭이를 휘둘러댔다. 고함치며 주문을 외우고 수호신을 불렀다.

산속 깊은 동굴에서 보물을 지키는 귀신이 어떤 민족의 수호신이라는 점은 흥미로운 일이다. 수호신은 육중한 바위 속에 숨어 민족과 전통, 역사와 미래를 대표한다. 이렇듯 산만큼이나 오래된 수호신들은 산처럼이나 오래간다. 수호신들이 살아 있는 한 계곡 주변에 흩어져 살던 민족도 그만큼 오래간다.

수호신의 생각은 깊다. 자기 발치에서 움직이는 민족의 전진과 후퇴를 포함한 모든 움직임을 깊은 생각에 담는다. 바스크족도 아니 봉[43]을 자랑스레 바라보았다. 사제들은 모르지만, 자신들만 알기 때문에 더욱 생생하게 살아 있는 산신이 봉우리에 있다.

"저 산이 남아 있을 때까지,
우리도 그렇게 남으리!"

바스크족은 자신들이 영원하리라고 믿었다. 자기네 언어가 금세 사라질 줄도 모른 채! 민중은 거의 똑같은 무용담을 즐겼다. 수십 세기 동안 위대한 날을 기다리면서 산속 깊은 동굴에 숨어 살던 예언 자들을 믿었다. 돌로 만든 탁자에 팔을 기대고 끝없이 자라나 바위 까지 밀어붙이는 길고 긴 백발을 휘날리면서 몽상에 젖은 독일 황 제의 신화도 마찬가지다. 때때로 사냥꾼이나 도적이 동굴 속으로 뛰 어들어 산신령처럼 막강한 노인의 꿈을 방해하기도 했다. 노인은 천

---

43   프랑스 지역 피레네산맥의 해발 2504미터 고봉. 원주민 바스크족은 '새끼 염소 산'이라고 부른다.

천히 일어나 떨고 있는 침입자에게 질문 한마디를 던지고 나서 다시 몽상에 젖어들었다.

"아직은…… 때가…… 아니야!"

노인은 평화롭게 죽을 날이나 기다렸을까? 물론 큰 전투의 메아리, 사람의 피로 물든 강물의 비린내, 제국의 명예를 위한 거대한 살육을 기다리기도 했다. 아, 차라리 그 마지막 전투가 벌어져 저 흉측한 황제가 한 줌 재가 되어 버렸다면!

스위스 3인방의 전설은 또 얼마나 감동적이고 훌륭한가. 이들도 고산 깊은 곳 오래된 산골에서 위대한 날을 기다리고 있다지 않은가! 세 사람은 그뤼틀리 평야에서 해방을 맹세하고 모두 '텔'이라는 같은 이름으로 부르기로 했다. 폭군을 거꾸러뜨린 영웅 '빌헬름 텔'의 이름이다. 이들도 꿈을 꾸면서 겨울잠을 자고 있다. 그러나 그들은 자신들의 영광 대신 자유를 꿈꾸었다. 스위스만의 자유도 아니다. 모든 인류의 자유를 꿈꾸었다. 때때로 그들 중 한 명은 자리에서 일어나 호수와 평야를 내려다보기도 했다. 그러고 나서 우울하게 동료들 곁으로 돌아왔다.

"아직 아닐세……."

그렇게 탄식했다. 위대한 해방의 날은 오지 않았다. 민중은 항상 노예로서 자기네 주인의 영광이나 찬양하지 않던가!

토머스 콜(Thomas Cole)의 〈시칠리아 섬의 타오르미나에서 바라본 에트나 화산〉, 1843년. 워즈워스 아테네움 소장 작품.

요스 데몸퍼르(Joos de Momper)의 〈무사이 여신들을 찾아간 마네르바〉, 17세기 작품으로 안트베르
펀 왕립미술관에서 소장하고 있다.

그리고 인간

아무튼 믿고 기다려보자. 그날이 오겠지! 산에서 신들이 떠날 날이. 자신들의 무능한 대변자인 왕들을 이끌고 떠날 날이 올 테지. 인간은 자유가 무엇인지 몹시 더디게 배운다. 하지만 자유를 배운다면 실제로 자유로운 세상을 만들 줄 알게 되지 않을까.

산에 그렇게 많던 신들은 이제 숭배받지 못하고 있다. 우레와 산사태는 더 이상 천둥 신 유피테르의 호통이 아니다. 산자락을 휘감는 구름도 이제 더는 유노 여신의 옷자락이 아니다. 우리는 마침내 아무 겁도 없이 깊은 산으로 들어간다. 신들의 거처와 수호신들의 소굴로……. 수많은 등반가가 그 옛날 무시무시하던 봉우리들을 목

적지로 삼는다. 등반가들은 어떤 바위와 빙하에도 인간의 자취를 남기려고 한다. 이미 유럽인들이 많은 고장에서 거의 모든 봉우리를 정복했다. 조만간 아시아와 아프리카, 아메리카 대륙에서도 사람이 오르지 않은 봉우리는 없어질 것이다. 지구 곳곳에서 벌어졌던 거대한 지리적 발견은 거의 끝났다. 극히 일부만 제외하고 지구는 샅샅이 밝혀졌다. 새로운 발견과 정복의 영광을 노리기 어렵게 된 모험가들은 아직 인간이 오르지 못한 고봉에 도전하고 있다. 그린란드에서도 아마추어 등반가들이 미지의 봉우리를 찾는다.

매년 좋은 계절에 등반가들은 허영심 때문에 무서운 고봉을 타고 오르는 것이 아닐까. 그들은 어려운 방법을 찾고 자신들의 이름이 언론에 오르내릴 것으로 확신한다. 마치 등반만으로 인류에 유익한 과업을 해냈다는 듯 정상에 올라 얼어붙은 손으로 영광의 순간을 보고하고 샴페인을 터트린다. 정말 정복자처럼 축포를 쏘면서 미친 듯 깃발을 흔든다. 그들은 두터운 만년설로 덮이지 않은 곳에 돌을 쌓아 조금 더 높인다. 그렇게 세계의 주인이자 왕처럼 으스댄다. 그들은 산을 거대한 계단으로 볼 뿐이다. 자기 발밑에 왕국들이 납작하게 깔렸다고 본다. 양팔을 벌려 산 밑의 왕국들을 끌어안는 시늉을 한다. 영주의 성내에 처음 들어가 본 시골 시인이 왕좌에 한 번

앉아보고 싶다고 부탁하는 꼴과 마찬가지다. 시인은 왕좌에 앉아(정상에 선 등반자도) 갑자기 지배자의 기분에 취해 버린다. 곁으로 날아드는 파리에게는 이렇게 외친다.

"아! 이제 내가 왕이야. 너는 찌그러져(납작하게 뭉개버릴 테니)!"

주먹을 휘두르며 불쌍한 곤충을 황금 왕좌에 짓이긴다.

그런데 자신이 정상에 올랐다는 이야기도 하지 않고, 난공불락의 봉우리에 올라섰다는 덧없는 영광 따위를 조금도 탐하지 않는 겸손한 사람도 고봉에 발을 내디딜 때 말할 수 없이 기뻐한다. 드소쉬르[44]는 여러 해 동안 학술 연구를 하려고 몽블랑의 둥근 고봉을 수없이 기어올랐다. 그는 발마[45]와 함께 당시까지 한 번도 사람의 발길이 닿은 적 없던 눈을 밟았다. 드소쉬르는 새로운 관찰의 기쁨만 아니라, 무섭게 버텨온 산을 마침내 정복했다는 순진한 행복에 취했다. 아이고! 그것은 짐승과 인간을 잡는 사냥꾼들도 숲과 협곡, 언덕

44　드소쉬르(Horace-Bénédict de Saussure, 1740~1799)는 스위스 지리학자로 '고산 등정'의 이론적 체계를 세운 선구자다. 몽블랑 탐사에 큰 업적을 남겼다.

45　발마(Jacques Balmat, 1762~1834)는 1786년 해발 4809미터의 몽블랑을 처음 올라간 산악인이다. 사냥꾼이었으며 산악 안내원으로 여러 차례 학술탐사를 위한 산행을 지원했다.

과 골짜기를 건너 악착같은 추적 끝에 먹잇감에 총질을 하며 잡을 때 환호하던 기쁨과 같다! 위험천만하고 피곤한 길도 아랑곳하지 않는다. 그들은 열망에 사로잡혔다가 마침내 자빠진 사냥감 곁에서 숨을 돌리며 모든 고생을 잊는다. 사냥꾼처럼 힘겨운 정복의 기쁨을 누리지만, 등반가들에게 자기 목숨을 걸었다는 행복감만 한 것이 어디 있을까. 살아났다고 안도하는 행복감은 더욱 크다.

높은 산 등반은 항상 위험천만하다. 시시각각 죽음을 무릅써야 한다. 그러나 사람들은 전진할수록 더욱 강렬한 환희를 맛본다. 완력과 정신으로 강인하게 무장하고 끔찍한 상황을 벗어났다는 희열이다. 번번이 얼어붙은 빙벽에 매달린다. 발을 조금만 헛디뎌도 천길 낭떠러지 밑으로 떨어진다. 옛날 사람들은 빙하 둘레를 타고 올랐고, 얼음 조각이 갈라지면 끝도 모를 깊은 구덩이로 빠지곤 했다. 그뿐만 아니라 간신히 발을 디딜 만큼 튀어나온 부분뿐인 암벽을 기어오르기도 했다. 더구나 빙벽이라 위에서 쏟아져 내리는 얼음물을 뒤집어쓰면서 기어올랐다. 용감하고 침착해 모든 근육을 이용해 위험을 피할 만큼 단련된 사람들이다.

미끄럽고 가파른 편암 바위에서 100미터 높이의 급경사로 잘린

부분에서 미끄러진 사람이 있었다. 아찔한 속도로 미끄러져 내려갔다. 하지만 그는 울퉁불퉁한 바위를 붙들고 사지를 능숙하게 제어하고서 구덩이 속으로 굴러떨어지지 않고 한 모퉁이에 매달려 있었다. 그 자리는 바로 바위 위로 실개천이 흐르는 곳이다. 흐르다가 곧장 폭포처럼 떨어져 내릴 실개천이다. 그는 갈증에 시달렸다. 하지만 그는 침착하게 물에 얼굴을 담가가며 목을 축이면서 덜 가파른 바위로 발을 옮겨 딛고 일어설 생각을 했다.

빙벽을 타는 사람은 목숨을 걸어야 할 만큼 위험한 산을 더욱 좋아한다. 그러나 의무를 위해 강하게 싸워야 했던 사람일수록 아찔한 '스릴'만이 등정의 즐거움은 아니다. 그들은 자신도 모르게 빙설과 크레바스 등 온갖 장애를 거친 어려운 길이 얼마나 힘겨운지 이해했을 것이기 때문이다. 그들은 물리적 현실을 정신세계와 비교하면서 "자연의 난관을 이겨 냈어"라고 털어놓는다. "봉우리를 밟았다. 사실 고통스러웠지만, 이겨 냈고 의무를 다했어!"라고……

이는 정말로 위험한 산에 올라 과제를 수행하는 사람들, 그러니까 바위와 화석을 연구하거나 이정표를 설치하고 모국의 지도를 작성하려는 사람들이 갖게 되는 감정과 용기일 것이다. 이런 인물들이라면 정상에 서서 환호할 만하다. 여행에서 불운을 맞더라도 순교자로 불릴 만하다. 그들의 이름을 우리 모두 기억해야 한다. 나서서 위인 행세를 하는 어설픈 사람들보다 훨씬 더 고상한 인물들 아닌가!

머지않아 지구 탐사의 영웅시대와 함께 산악 탐사의 영웅시대도 막을 내릴 것이다. 유명한 등반가들의 기억은 전설이 될 것이다. 사람들이 모여 사는 고장에서 모든 산은 차례차례 정복될 것이다. 보행로도 뚫리고, 차로도 산 밑부터 꼭대기까지 뚫릴 것이다. 거동이 불편한 사람들과 한가한 사람들조차 어렵지 않게 산행을 하게 될 것이다. 빙하 틈의 구덩이들은 구경꾼들을 끌어 모을 것이다. 접근할 수 없던 사면에 설치한 케이블카로 아찔한 절벽을 스치며 관광객들은 담배를 피고 수다를 떨면서 오를 것이다.

기차로도 올라간다! 발명가들은 산악열차를 구상 중이다. 저녁을 먹고 나서 바람 쐬러 허공으로 올라갈 수 있다고. 미국인들은 놀라운 실용감각으로 산악열차를 개발했다. 자신들의 우상인 독립영웅 워싱턴의 이름을 붙인 열차가 산꼭대기에 더욱 빠르고 쉽게 접근할 수 있도록 산악철도망도 깔았다. 증기기관차들이 거대한 뱀처럼 둥글게 바위와 초지를 감아 오르는 철로를 타고 오르내린다. 정상에는 역이 들어섰다. 중식당과 편의점도 있다. 관광객은 떠오르는 해를 보면서 술을 마시고 과자를 씹으면서 감흥에 젖는다.

미국인이 워싱턴을 위해 개발한 산악철도를 스위스 사람들은 리지 산[46]에서 즉시 모방했다. 봉우리들과 호수에 둘러싸인 거대한 파노라마 중심이다. 위틀리[47]에도 똑같이 했다. 그밖의 다른 많은 산에서 스위스 사람들은 고봉들을 납작하게 깎아 평탄 작업을 했다. 기차는 오르락내리락 파도를 헤쳐 나가는 함선처럼 골짜기와 산봉우리를 통과한다. 안데스산맥과 히말라야산맥처럼 사람이 곧장 오르기에 너무 높고 추운 봉우리들도 머지않아 도달하게 될지 모른다. 기구들은 벌써 고봉들보다 2~3킬로미터 더 위까지 사람을 싣고 비행하고 있다. 다른 비행선들도 이제 곧 '찬란한 천국의 거대한 왕관'이라는 가우리상카에 사람을 내려놓을 날이 올 것이다.

이렇듯 산에 오르기 쉽도록 자연을 크게 바꾸면서, 사람들은 필요하다면 산 자체를 거의 제거하기도 한다. 가파른 산길에 차도를

---

46 리지(Rigi) 산은 스위스 중부 루체른 호와 추크 호에 둘러싸여 있으며, '산의 여왕'이라는 별명으로 불린다. 1871년 5월 21일 유럽 산악열차가 개통한 곳이다. 톱니바퀴열차, 곤돌라 리프트, 케이블카 구간이 섞여 있다. 스키장과 기상대 등이 있다.

47 위틀리(Le Uetliberg)는 취리히 변두리에 위치한 869미터 높이의 산이다.

뚫는 데 그치지 않는다. 기술자들은 바위산을 뚫고 철도로 골짜기들을 잇는다. 인간은 자연의 장애를 넘어선다. 필요에 맞춰 새 땅을 만든다. 함선이 피신할 큰 항구가 필요하면 바닷가 쪽으로 튀어나온 작은 반도나 구릉을 깎아 바다 밑바닥을 채우고 방조제를 쌓는다. 상상이 미친다면 인간은 거대한 산맥까지도 모두 짓이겨 평야를 채우려 하지 않을까?

이미 시작하고 있다. 캘리포니아에서 광부들은 사금이 물에 씻겨 내려올 때를 기다리지 못해 답답해하면서 산을 통째로 가루로 만들려 했다. 그들은 여러 곳에서 바위를 갈아 금속을 채취한다. 하지만 힘과 비용이 많이 드는 일이다. 사구(모래언덕)와 자갈 같은 땅에서는 이런 작업이 훨씬 쉽다. 그럴 때 광부들은 커다란 소방용 펌프를 들이대고 모래와 자갈을 계속 퍼낸다. 그렇게 산을 조금씩 무너뜨려 금을 캔다. 프랑스에서도 이와 같은 식으로 피레네산맥 전방의 고원에 고대로부터 쌓인 퇴적층을 완전히 무너뜨렸다. 이렇게 퍼낸 흙으로 운하를 따라 랑드 지방의 황야를 메웠다.

물론 이런 공사로 상당한 진보가 이뤄졌다. 이제 좁은 산길에서 마주친 사람들이 상대방 등을 서로 타고 넘어 길을 가지 않아도 된다. 장애인과 환자도 지상의 어느 곳이든 쉽게 접근할 수 있다. 이와 함께 어떤 자원이든 이용할 수 있다. 인간 생활은 시시각각 확장되고 땅에서 캐낸 보물로 소득이 증가한다.

그러나 인간만사가 그렇듯 진보에는 그만한 남용도 따른다. 저주받을 남용이다. 옛날에 말과 글, 책과 사상까지 저주했던 것과 마찬가지 아닌가. 옛날이 좋았다고 한탄하는 사람도 있지만 사람들 대부분은 생활이 더욱 순탄해질 것이다. 강인하게 교육받은 청년들은 항상 힘찬 의지로 정신과 물질이 활기에 넘치도록 영웅처럼 노력한다. 인류를 이어갈 유일한 수단인 교육을 이런 식으로 제한하다니! 교육은 일정한 시험을 치르는 것만으로 힘든 생존투쟁을 대신하려 한다. 정신력조차 그런 시험으로 얻으려 한다.

과거에 삶이 인간 대 인간 혹은 인간 대 야수의 끊임없는 투쟁이었을 때, 소년은 집으로 피비린내 나는 승전보를 갖고 돌아오지 못하면 어린아이 취급을 받았다. 소년은 감히 백전 용사들의 조언에 말대꾸를 하려면 체력과 용기를 입증해야 했다. 적들과 직접 겨룰 위험이 없던 나라에서도 굶주림과 추위, 악천후를 견디면서 어른 자격을 얻으려면 숲속에 들어가 음식도 옷도 없이 삭풍을 견디고 벌레에 물리며 견뎌야 했다. 태연한 모습으로 꿈쩍 않고 여러 날을 버텨내고 나서 아무 불평 없이 체벌을 받은 뒤에야 푸짐한 식사 자리에 끼어들 수 있었다. 그 자리에서조차 제 손으로 직접 음식을 집어 먹으러 쉽게 나서지 못했다.

과거의 야만적 시험을 요즘 청소년들에게 강요할 필요는 없다. 그러나 황당해 보이는 고생으로 아이들에게 언제 닥칠지 모를 불행과 안이한 생활방식에 맞서 고상하고 확고한 정신을 심어줄 줄 알았던 방식으로부터 얻을 것은 있다. 인간으로서 행복하게 살도록 일해야겠지만, 그와 동시에 스스로의 미덕으로 행복을 성취해야 한다고 가르쳐야 한다.

미래의 인류인 아동교육에서 산은 중대한 몫을 한다. 자유로운 자연이 진정한 학교가 되어야 한다. 우리가 바라보는 산의 아름다운 풍경과 그 생명의 법칙과 극복할 장애를 배우는 곳이어야 한다.

창틀로 막힌 답답한 교실에서는 순수하고 용감한 인간을 키울 수 없다. 그런 인간을 키우려면 거세게 흐르는 개울과 산중 호수에서 헤엄치고, 눈밭과 빙하를 걷고, 크고 높은 산을 오르도록 해야 한다. 책에서 배울 수 없는 것을 배우고, 매혹과 감동에 넘친 풍경 앞에서 선생님과 함께 환호하는 날에만 배울 수 있는 모든 것을 잊지 않도록 해야 한다. 그렇다면 아이들은 위험에 거리낌 없이 대처하고 즐겁게 공부하면서 성격도 밝아질 것이다.

인류의 삶도 그렇지만 당장 내일부터 자연의 면모도 현저히 변할 것이다. 벌써 우리가 대폭 수정해온(개발하고 훼손하면서) 자연계의 형태를 용도에 맞춰 더욱 거칠게 바꿔나갈 것이다. 지식과 물질의 힘이 커지면서 자연을 대하는 인간의 의지도 더욱더 오만해질 것이다.

최근 이른바 개화했다는 문명국의 거의 모든 국민이 해마다 자신들이 축적한 힘을 대부분 서로 죽이고 서로의 영토를 황폐화하는 데 퍼붓고 있다. 그러나 더욱 능란한 자들은 그 힘을 지상에서 생산력 증강에 이용하려고 한다. 지구의 모든 힘을 이용해 우리의 자유로운 움직임에 거추장스럽다면서 장애가 되는 자연을 제거하려 한다. 이런 식으로 지구를 혼란의 소용돌이에 빠트린다.

어느 국가나 자연환경에 새 옷을 입히려 한다. 경작지와 도로, 주거와 갖가지 건축물로서 나무와 풍경을 집단과 전체적 질서로 재구성하고, 인구를 이상을 실현할 척도로 삼는다. 만약 주민이 진정으로 아름다운 정서를 깨닫는다면 자연은 더욱 아름다워질 것이다. 그러나 반대로 인류 대부분은 지금 보다시피 거칠고 이기적이며 기만적으로 살 것이다. 지구에 서글픈 자취만 계속 남길 것이다. 시인이 절망하는 외침이 정말 사실이 되지 않을까?

"도망칠 데가 어디 있어? 자연이 더러워졌는데……."

장차 인류의 미래가 어떻게 되고 어떤 환경을 보이든, 변할 줄 모르는 의견 충돌과 요란한 여론을 벗어나 깊이 생각하려면 사람들은 자연 속에서 더욱 고독해질 것이다.

가령 어느 날 지구상의 화려한 도시들이 한가한 사람들이나 북적대면서 놀고 사치를 부리는 곳이 된다면, 생필품만으로 소박하게 살려는 사람들은 쪽배를 타고 파도 속으로 뛰어들거나 새처럼 깊은 우주 공간에서 날아다닐 날을 기다려야 할지 모른다. 그렇게 되더라도 시원한 산골짜기와 맑은 눈에서 녹아내린 개천과 창공 속에 우뚝 선 백설과 노을이 감도는 봉우리를 그리워하지 않을까?

다행히 산은 항상 유행에 광분하지 않는 사람에게 포근한 안식처가 되어준다. 앞으로도 오랫동안 우리는 광분하는 세계에 거리를 둬야 진정한 자신을 찾을 수 있을 것이다. 진지한 사람들의 정신조차 뒤흔들고 흐려놓는 천박하고 웃기는 여론의 흐름 따위는 멀리하고…….

내가 얼마나 놀랍게 습관을 털어버리고 달라졌는지! 산의 마지막 높은 문턱을 넘어 멀리 끝없이 펼쳐지는 평야를 바라볼 때, 어마어마한 세계가 눈앞에 펼쳐졌다. 나는 마음대로 지평선 끝을 향해 걸어 나갔다. 그렇게 한참을 걸었다고 생각했는데도 그 자리는 조금도 달라지지 않았다. 주변 자연의 다채로운 매력은 항상 똑같았다. 골짜기 물소리도 들리지 않았고, 눈도 바위도 보이지 않았다. 단조로운 야산이었다. 걸음은 자유로웠지만 산에 이상하게 붙들린 느낌이 들었다. 한 그루 나무, 소박한 덤불만 지평선을 가렸다. 산길 양쪽은 온통 울타리로 이어졌다.

산에서 멀어지면서 나는 종종 뒤를 돌아보며 작아지는 산의 형태를 주목했다. 경사면들은 차츰 푸르스름하게 한 덩어리로 보였다. 깊고 긴 골짜기들은 더는 보이지 않았다. 낮은 봉우리들도 눈에 띄지 않고, 환한 하늘을 배경으로 높은 산마루 옆모습만 뚜렷했다. 그러나 금세 흐린 먼지에 휩싸였다. 산은 구름 위로 솟은 뿌연 배경처럼 보였다. 올라가 보았던 봉우리들조차 알아보기 어려웠다. 그렇게 사방으로 끝없이 평야만 펼쳐졌다.

이제, 나는 완전히 산에서 멀어졌고, 시끄러운 인간 세계로 돌아왔다. 과거의 인상만 희미한 기억으로 남았다. 나는 한 번 더 산을 올려다보았다. 짙은 그림자에 파묻힌 골짜기를 머릿속에 그리며 잠시 평화로운 바위와 풀벌레와 풀잎을 바라보았다.

해발 2884미터인 로 프라이슈피체 봉의 최초 등반을 기록한 오스트리
아 산악 길잡이(왼쪽 안젤름 클로츠, 오른쪽 요셉 프라이), 1900년.

리처드 윌슨(Richard Wilson)의 〈낸틀 호수에서 바라본 스노든 산〉, 1766년. 위커미술관 소장.

옮기고 나서

산을 사랑하는 것이 곧 우리 자신을 사랑하는 일

지리학자 자크 엘리제 르클뤼(Jacques Élisée Reclus, 1830~1905)의 《산의 역사(Histoire d'une montagne)》는 1880년 프랑스 헤첼 출판사에서 단행본으로 출간되었다. 그 뒤 최근까지도 여러 나라의 다양한 출판사에서 문고판을 비롯해 수많은 이본을 펴내 전 세계 독자들과 만나고 있다. 《산의 역사》는 헨리 데이비드 소로의 《와추셋 산행(A Walk to Wachusett)》과 함께 산에 관한 고전으로 유럽에서 널리 알려져 있다.

《산의 역사》가 처음 출간되었을 때는 현대 인문지리학이 일취월장하던 무렵이었다. 엘리제 르클뤼는 그 분야의 기초를 다진 카를 리터의 《지구상 대륙의 형상과 그 역사적 기능》과 같은 독일어 저술을 비롯해 스페인어와 영어로 쓰인 많은 관련서를 프랑스어로 번역했다. 파리 코뮌 민중혁명운동에 참여했던 이유로 망명 생활을 시작한 르클뤼는 알프스 산이 올려다보이는 스위스 산골짜기에서 이 책을 집필했다. 프랑스 역사가 쥘 미슐레의 《산》(1868)을 읽으면서 지리에 좀 더 비중을 두고 산이 인간과 함께 겪어온 역사를 새롭게 조명하면서 자연의 중심에 우뚝 선 산을 이해하려고 했다.

엘리제 르클뤼는 자신이 소년기를 보낸 피레네 산자락부터 프랑스 중부의 고원, 독일, 스페인 북부와 스위스의 산악을 두루 답사한 경험을 밑바탕으로 삼았다. "산을 오르내릴 때마다 기억에 새겨진 그림들을" 글로 풀어내려 했다.

교통·통신과 지구촌 여행이 제국주의 팽창정책으로 급성장했을 때, 그리고 거대하게 넓혀진 생활권을 더욱 넓히고 미지의 땅을 차지하고자 서로 치열하게 경쟁했을 때, 저자는 대륙의 산맥과 마을 주변의 산들이 자원의 보고일 뿐 아니라 그 존재 자체로서 주목했다. 아름다운 그림 속의 산이나 개발을 위한 자원 또는 국경 같은 경계로서만이 아니었다. 실제로 본문은 인간의 삶과 산이 얽힌 역사에 대한 관찰과 성찰로 넘친다.

《산의 역사》는 산의 생성과 타고난 성격과 현재의 모습을 깊이 파헤치고 있다. 엘리제 르클뤼는 산이 없었다면 도대체 우리가 살아남을 수 있었을까 싶은 인류의 삶에서 산이 어떤 자리와 어떤 '의미'를 차지해왔는지 질문했다. 이 책은 인간보다 더 오래전에 지구상에 나타났듯이 우리가 사라진 뒤에도 끝까지 살아남을 산의 이야기이기에 더욱 깊은 울림을 준다.

엘리제 르클뤼는 깊은 사상가로서 현대 인류학에도 큰 족적을 남겼다. 르클뤼는 산과 더불어 사는 주민의 연구가 지리 연구와 불가분하다는 점을 역설했다. 특히 본문에서 다시금 주목할 수 있듯이 고대에 처음 지리와 역사를 다루고 대륙과 해양을 주파했던 여러 필자는 많은 산과 인간에 관심을 기울였지만, 거의 모든 이야기를 신들과 영웅들의 무대로만 그렸다. 산은 신화와 종교가 간직한 기적이 일어났던 신성한 장소였다. 르클뤼는 이런 신비를 벗겼다. 그곳에서 살던 사람들의 이야기를 살폈고, 신과 영웅과 님프와 귀신들의 소굴이 아니라 지구촌 인간 가족이 살아가는 터전으로서 산을 바라보았다.

산은 이렇게 저자의 붓끝에서 신화의 세계에서 역사의 세계로 들어왔다. 인간이 진보하고 더욱 자유롭게 살게 되기를 굳게 믿으면서 엘리제 르클뤼는 광대무변한 자연의 중심으로서 산을 바라보았

다. 산이 우리에게 베푸는 풍요로운 혜택과 나란히 그 절대적 공포
와 위엄과 매력까지 날카롭게 주시했다.

앞서 언급했던 것처럼 엘리제 르클뤼는 1871년 군주제(나폴레옹
3세 황제 시대)의 폭압에 반대해 일어난 파리 코뮌 민중혁명운동에 참
여했다가 유죄 판결을 받고 조국 프랑스에서 쫓겨나 스위스 산골에
서 망명 생활을 하면서 그 전에 발표했던 원고들을 정리하고 새로
쓴 원고와 합쳐 이 책을 펴냈다.

지리학자이자 사상가였던 엘리제 르클뤼는 아나키즘 운동의 1
세대 사상가로서 양심에 따라 행동하고, 박해받았다. 그 어느 때보
다 방대해진 권력과 금력 심지어 모든 개인 생활까지 독점하고 통
제하려는 현대의 '국가'를 비판하고 '권력 없는 질서'라는 사회생활
을 꿈꾸었다는 점에서 매우 주목할 아나키스트 사상가였다. 르클뤼
는 개인이 소외당하지 않고서 조화롭게 어울려 사는 공동체로서의
사회를 항상 꿈꾸었다. 그가 찾아본 작은 산촌들은 때때로 이런 이
상사회의 이미지에 가까운 모습을 보여준다.

《산의 역사》외에도 엘리제 르클뤼는 1875년부터 1894년까지

스무 해에 걸쳐 방대한《세계지리》를 집필했다. 현대 인문학 불후의 고전이 된 걸작이다. 그의 또 다른 저작《인간과 대지(총6권)》,《진화와 혁명과 아나키즘의 이상》은 20세기 사상사에서 귀중한 참고서들이다.

뿐만 아니라 엘리제 르클뤼는 '정치지리, 역사지리, 사회지리' 등 새로운 개념의 창시자로서 '생태환경' 이론과 운동에도 중요한 발자취를 남겼다. 특히 최근에 저자는 '에코아나키즘 또는 그린아나키즘'처럼 가장 급진적인 자연환경회복운동의 이론가와 활동가의 선구자로 추앙받는다. 르클뤼는 매우 때이른 채식주의자였고 결혼제도에 반대하고 순수한 사랑으로 함께 사는 '자유결합', '여성참정권' 등 여성의 권리 신장을 위해 매우 유익한 사상을 신봉하고 실천했다.

학계도 그의 업적을 높이 평가하면서 역사전문지 〈헤로도투스〉는 1981년과 2005년 두 차례에 걸쳐 엘리제 르클뤼를 가장 중요한 현대 인문사상가로서 기념하는 특집호를 내놓기도 했다. 최근까지도 르클뤼는 '다학제적' 연구의 선구자로서 주목받고 있다. 오늘날 지식인들은 그를 '지정학의 아버지' 또는 '사회지리학의 창시자'로서 칭송한다.

엘리제 르클뤼는 1830년 3월 15일 프랑스 남부 도르도뉴 강변 도시 생트푸아 라그랑드에서 태어나. 1905년 7월 4일 벨기에의 토르후트에서 사망했다. 아버지는 개신교 칼뱅교단의 목사였다. 엘리제의 맏형 엘리 르클뤼도 민속학자였다. 동생 오네짐 르클뤼도 지리학자였으며, 삼형제 모두 똑같은 아나키스트 신념에 충실했다. 그의 누이동생 젤린 르클뤼의 아들 조카 엘리 포르는 의사 출신의 미술사학자로서 넓은 시각으로 동양과 서양의 미술을 함께 조망해 지금도 베스트셀러로 사랑받는 《미술의 역사》를 남기기도 했다.

최근 국내에서 뇌신경과학의 저자로 소개된 장 디디에 뱅상은 엘리제 르클뤼의 전기로 2010년 '페미나 에세이' 상을 수상했다. 장 디디에 뱅상은 엘리제 르클뤼를 가장 깊이 공감하고 그를 존경하는 열렬한 숭배자로서 그의 사상을 전파하고 있다.

많은 사람이 산을 찾는 요즘, 정작 산은 갖가지 이유로 신음하고 있다. 거대하고 급격하게 늘어난 산업단지와 군사기지와 숨 막히는 주거단지에 둘러싸인 채, 사방에서 터널에 뚫리고 교량에 짓눌리면서 우리의 산하는 나날이 꾀죄죄하게 움츠러들고 있다. 산이 아파하지 않도록 개발하고, 우리의 생활에서 정답게 어울려 살 방법은 없는 것일까? 이 책은 산을 존중하고 사랑하는 것이 곧 우리 자신을 존중하고 사랑하는 일이라는 사실을 덤덤하게 깨우친다. 산을 좀 더 이해하고 아끼려고 다짐한들 너무 때늦은 반성이 아닐까 두려울 뿐이다.

2020년 07월

정진국

일명 '작센의 스위스'라 불리는 독일 작센 지방 파펜슈타인
지역의 바르바리네 바위를 담은 옛 그림 엽서. 1906년.

Histoire d'une montagne

Jacques Élisée Reclus